スタートライン
中国語Ⅱ［中級］

久米井 敦子・余 慕 著

駿河台出版社
SURUGADAI SHUPPANSHA

音声について

本書の音声は、下記サイトより無料でダウンロード、
およびストリーミングでお聴きいただけます。

https://stream.e-surugadai.com/books/isbn978-4-411-03130-4/

まえがき―ひきつづき中国語を学ぶみなさんへ

　本書は第二外国語の初級～中級教材として編集されたテキストです。『スタートライン中国語Ⅰ［初級］』の続編として作りました。１年間、第二外国語として１週間に２コマ（90分×２コマ）授業を受けた学習者を対象としています。

　『スタートライン中国語Ⅰ［初級］』の「まえがき」でもお話ししましたが、私たちは大学の第二外国語を、仕事や研究で中国語を使うスタートラインに立つ準備だと考えています。そのために必要最小限の文法知識や語彙を身につけることが、第二外国語のすべての学習者の目標です。

　しかし中には、検定試験を目ざしたり、中国へ旅行や留学をするなど、より高く広い目標を持っている学習者もいることでしょう。

　私たちは、学習者が自分の目標に合わせて学習内容を取捨選択できるように工夫をしました。「本書の使い方」をご一読ください。

　このテキストで基本語彙と基本文型をひととおり学べば、あとはみなさんが自分の足で歩いて行く番です。そのために本書が少しでもお役にたてるのであれば、とてもしあわせです。

本書の使い方

◇最低限の基本をしっかり学びたい！という人へ

⇒ 語法重点 の説明を理解し、例文を覚えるまで繰り返し音読し、書きましょう。その上で 练习 に挑戦し、確認をしましょう。また 课文 を音読し意味を考えることで、より自然で口語的な表現を学べば、中国語の世界をさらに広げることができるでしょう。授業で重点的に取り上げるのはこの３つの部分です。また、 小知识 は、訳文だけでも目を通してみましょう。中国の「いま」をかいま見ることができるはずです。

◇検定試験を目指したい！中国へ旅行や留学に行きたい！という人へ

⇒ 語法重点 の例文はもちろんのこと、 课文 を暗記するほど何度も繰り返し読み書きしてみましょう。中国語検定試験の３級、４級には長文読解が例年出題されます。その対策としても 小知识 の活用をお勧めします。まず日本語訳を見ずに自分で訳したあとで、原文と訳文を対照し、一語一語の働きを考えましょう。単文を理解する練習だけでは、長文の

流れやつながりをつかむのは困難です。また、説说 看看をチェックすれば、まとめと復習、語彙力の強化が期待できます。

　このテキストの新出語彙の数はおおむね以下のとおりです。

語法重点 約80語
課文 約90語
小知识 約200語
练习 約40語

　これに本シリーズの［初級］で蓄積した約450語を加えれば、中国語検定3級の取得に必要とされる語彙数1,000〜2,000語をクリアすることができます。特に小知识で取り上げられた語彙は文章で使われるものが多いので、より高度な中国語力を身につけるために、ぜひ覚えてほしいものです。

2019年　晩秋

著　者

目　　次

スタートライン
中国語 II
［中級］

他来得很早

Tā láide hěn zǎo

语法重点 Yǔfǎ zhòngdiǎn

1

1、主述述語文

日本語の「象は鼻が長い」という文のように、述部（「鼻が長い」）が主語（「鼻が」）と述語（「長い」）から成っている文型が中国語にもあります。このような文を「主述述語文」といいます。

①他个子很高。Tā gèzi hěn gāo.

②今天天气不好。Jīntiān tiānqì bù hǎo.

③汉语语法难，发音更难。Hànyǔ yǔfǎ nán, fāyīn gèng nán.

＊主述述語文は「～は―が○○だ」と訳せば文型を把握しやすくなります。

cf. 他的个子很高。→「彼の背は高い」

2、様態補語

2

a： 動詞または形容詞の後ろに置いて意味を補う成分を「補語」といいます。中国語にはいくつかの補語があり、様態補語はその一つです。動詞の後ろに助詞 "得 de" を置き、さらにその後ろに様態補語を置いて、動作の状態や様子を伝えます。

> 動詞＋ "得 de" ＋様態補語：「～するのが―である」

④他来得很早。Tā lái de hěn zǎo.

⑤我跑得不快。Wǒ pǎo de bú kuài.

⑥她学得好不好？ Tā xué de hǎo buhao?

⑦她学得怎么样？ Tā xué de zěnmeyàng?

b： 目的語があるときは以下のような構文になります。

> 動詞＋目的語＋動詞＋ "得 de" ＋様態補語

⑧她学英语学得很好。Tā xué Yīngyǔ xué de hěn hǎo.

⑨他说德语说得不清楚。Tā shuō Déyǔ shuō de bù qīngchu.

⑩我念课文念得不太流利。Wǒ niàn kèwén niàn de bú tài liúlì.

c： **b** の文型は、1つ目の動詞を省略することができます。

⑪她英语学得不好。Tā Yīngyǔ xué de bùhǎo.（＝她学英语学得不好。）

＊補語にはこのほか、結果補語、方向補語、可能補語などがあります。

生词表 Shēngcí biǎo 3

个子	gèzi	身長
更	gèng	さらに
得	de	（様態補語を作る）
跑	pǎo	走る
快	kuài	速い
清楚	qīngchu	はっきりしている、明瞭である
流利	liúlì	流暢である

晚	wǎn	（時間が）遅い
堵车	dǔ chē	渋滞する
堵	dǔ	つまる
厉害	lìhai	ひどい、すごい
特别	tèbié	特に
整整	zhěngzheng	まるまる、ちょうど
比较	bǐjiào	わりあい、比較的

| 顺利 | shùnlì | 順調である |
| 以后 | yǐhòu | あとで、以後 |

篮球	lánqiú	バスケットボール
排球	páiqiú	バレーボール
乒乓球	pīngpāngqiú	卓球
高尔夫（球）	gāo'ěrfū(qiú)	ゴルフ
踢	tī	蹴る
足球	zúqiú	サッカー
田径	tiánjìng	陸上競技
广播体操	guǎngbōtǐcāo	ラジオ体操

 5

说说看看 Shuōshuo kànkan

打篮球打得好。　Dǎ lánqiú dǎ de hǎo.

打排球打得不好。　Dǎ páiqiú dǎ de bù hǎo.

打网球　dǎ wǎngqiú

打乒乓球　dǎ pīngpāngqiú

打高尔夫（球）　dǎ gāo'ěrfū(qiú)

踢足球　tī zúqiú

跑田径　pǎo tiánjìng

做广播体操　zuò guǎngbōtǐcāo

课 文 Kèwén

A 你 怎么 来 得 这么 晚 啊?
　Nǐ zěnme lái de zhème wǎn a?

 4

B 路上 堵 车 了。
　Lùshang dǔ chē le.

A 堵 得 厉害 吗?
　Dǔ de lìhai ma?

B 特别 厉害。 整整 堵了 三 公里。
　Tèbié lìhai. Zhěngzheng dǔle sān gōnglǐ.

A 我 今天 来 得 早，路上 比较 顺利。
　Wǒ jīntiān lái de zǎo, lùshang bǐjiào shùnlì.

B 今天 天气 不 好，开车 的 人 特别 多。
　Jīntiān tiānqì bù hǎo, kāichē de rén tèbié duō.

A 以后 你 应该 早点儿 出门。
　Yǐhòu nǐ yīnggāi zǎodiǎnr chūmén.

B 你 说 得 对 极了!
　Nǐ shuō de duì jíle!

Ⅰ 次の文をまず先生と一緒に何度も音読しましょう。慣れてきたら教科書を見ずにリピートします。その後、シャドウイングやディクテーションをしましょう。

①今天天气很好。Jīntiān tiānqì hěnhǎo.

②他学得很好。Tā xuéde hěnhǎo.

③他学汉语学得很好。Tā xué Hànyǔ xuéde hěnhǎo.

④我跑得不快。Wǒ pǎodé búkuài.

Ⅱ 以下のようなとき、中国語でどういえばよいでしょうか？ この課で学んだ表現を応用してみましょう。

①北京の天気をたずねるとき。

_____

②ある人の英語の成績が良いことを伝えるとき。

_____

③自分は音読が上手ではないことを伝えるとき。

_____

Ⅲ 様態補語を使った文を作りなさい。

①他　起　早

_____

②他　跑　快

_____

③他　打棒球　好

_____

④他　喝酒　多

_____

⑤他　唱歌　不好

_____

12

⑥他　说话　慢

_____

⑦他　写字　不太清楚

_____

⑧他　弹钢琴　不太好

_____

⑨他　学汉语　真好

_____

⑩他　做饭　好吃

_____

Ⅳ 次の日本語を中国語に訳し、漢字（簡体字）で書きなさい。適宜句読点を使うこと。

①北京は人が多い。

_____

②彼女は髪が長い。

_____

③この服は値段が高い。

_____

④彼は野球をするのがうまい。

_____

⑤彼女は本を読むのが速い。

_____

＊＊＊＊＊＊＊＊＊＊＊＊＊＊＊＊＊＊＊＊＊＊

歌 gē 歌　　话 huà ことば、話　　慢 màn （速度が）遅い　　弾 tán （楽器を）弾く
钢琴 gāngqín ピアノ　　好吃 hǎochī おいしい　　头发 tóufa 髪の毛　　长 cháng 長い
价钱 jiàqian 値段　　贵 guì （値段が）高い

第2課

他给我照相机

Tā gěi wǒ zhàoxiàngjī

语法重点 Yǔfǎ zhòngdiǎn

6

1、给 gěi、告诉 gàosu、教 jiāo、送 sòng ：二重目的語をとる動詞

中国語には目的語を２つ取る動詞があります。

"给 gěi" / "告诉 gàosu" / "教 jiāo" / "送 sòng" ＋人＋物→「～に―を○○する」

① 他给我照相机。Tā gěi wǒ zhàoxiàngjī.

② 我告诉你电话号码。Wǒ gàosu nǐ diànhuà hàomǎ.

③ 张老师教我们汉语。Zhāng lǎoshī jiāo wǒmen Hànyǔ.

④ 我送她一束花儿。Wǒ sòng tā yíshù huār.

2、比 bǐ ：比較文

7

a： 前置詞 "比 bǐ" を使って比較を表現します。

Ａ＋ "比 bǐ" ＋Ｂ＋形容詞→「ＡはＢより～だ」

⑤ 这个比那个大。Zhèige bǐ nèige dà.

⑥ 中国人比日本人多。Zhōngguórén bǐ Rìběnrén duō.

＊比較文に "很 hěn" は不要です。

b：“没有 méiyǒu”を使っても比較表現を作ることができます。a の構文と比べてみましょう。

> B ＋ “没有 méiyǒu” ＋ A ＋形容詞→「B は A ほど～ない」

⑦弟弟没有哥哥高。（≒哥哥比弟弟高。）Dìdi méiyǒu gēge gāo.

⑧日本没有韩国小。（≒韩国比日本小。）Rìběn méiyǒu Hánguó xiǎo.

c：比較した結果の差は形容詞のうしろに置きます。

⑨这个比那个大一点儿。Zhèige bǐ nèige dà yìdiǎnr.

⑩中国比日本大得多。Zhōngguó bǐ Rìběn dà de duō.

⑪今天比昨天热多了。Jīntiān bǐ zuótiān rè duōle.

⑫哥哥比我大两岁。Gēge bǐ wǒ dà liǎng suì.

d：“一样 yíyàng”を使って、2 つのものが等しいことを表します

> A ＋ “跟 gēn/ 和 hé” ＋ B “一样 yíyàng”（＋ 形容詞）→「A は B と同じ（くらい～）だ」

⑬这个跟那个一样。Zhèige gēn nèige yíyàng.

⑭我的跟你的一样贵。Wǒde gēn nǐde yíyàng guì.

⑮汉语和日语一样难。Hànyǔ hé Rìyǔ yíyàng nán.

＊“一样”の否定は“不一样 bùyíyàng”。

我和你不一样。Wǒ hé nǐ bù yíyàng.

给	gěi	与える、あげる
照相机	zhàoxiàngjī	カメラ
告诉	gàosu	伝える、告げる
号码	hàomǎ	番号
教	jiāo	教える
送	sòng	贈る
～束	shù	～束
花儿	huār	花
比	bǐ	～に比べて
弟弟	dìdi	弟
一点儿	yìdiǎnr	少し（比べた結果）
～得多	deduō	ずっと
大	dà	年長である

消息	xiāoxi	知らせ
队	duì	チーム
赢	yíng	勝つ

真的	zhēnde	ほんとう？（驚きの気持ちを表す）
球队	qiúduì	（球技の）チーム
历史	lìshǐ	歴史
而且	érqiě	しかも
队员	duìyuán	チームのメンバー
就是	jiùshi	そうそう！（同意を表す）

西瓜	xīguā	すいか
南瓜	nánguā	かぼちゃ
鸡蛋	jīdàn	たまご
北方	běifāng	北方
南方	nánfāng	南方
咸	xián	塩辛い
四川	Sìchuān	四川
辣	là	辛い
汽车	qìchē	自動車
火车	huǒchē	汽車

说说看看 Shuōshuo kànkan

西瓜比南瓜大。	Xīguā bǐ nánguā dà.
苹果比鸡蛋大。	Píngguǒ bǐ jīdàn dà.
北方菜比南方菜咸。	Běifāng cài bǐ nánfāng cài xián.
四川菜比上海菜辣。	Sìchuān cài bǐ Shànghǎi cài là.
汽车没有火车快。	Qìchē méiyǒu huǒchē kuài.
火车没有飞机快。	Huǒchē méiyǒu fēijī kuài.

课文 Kèwén

A 告诉 你 一 个 好 消息!
　　Gàosu nǐ yí ge hǎo xiāoxi!

9

B 什么 好 消息?
　　Shénme hǎo xiāoxi?

A 咱们 大学 棒球队 赢 了!
　　Zánmen dàxué bàngqiúduì yíng le!

B 真 的? 赢 谁 了?
　　Zhēn de? Yíng shéi le?

A 赢 明月大学 了。
　　Yíng Míngyuè Dàxué le.

B 咱们 球队 比 他们 的 历史 长 多了。
　　Zánmen qiúduì bǐ tāmen de lìshǐ cháng duōle.

A 而且 他们 的 队员 也 没有 我们 多。
　　Érqiě tāmen de duìyuán yě méiyǒu wǒmen duō.

B 就是，就是!
　　Jiùshi, jiùshi!

练 习 Liànxí

I 次の文をまず先生と一緒に何度も音読しましょう。慣れてきたら教科書を見ずにリピートします。その後、シャドウイングやディクテーションをしましょう。

①他给我手机。Tā gěi wǒ shǒujī.

②中国比日本大。Zhōngguó bǐ Rìběn dà.

③日本没有中国大。Rìběn méiyǒu Zhōngguó dà.

④这个和那个一样。Zhèige hé nèige yíyàng.

II 以下のようなとき、中国語でどういえばよいでしょうか？　この課で学んだ表現を応用してみましょう。

①相手の電話番号を知りたいとき。

_____

②相手が自分と同じ携帯電話を持っているとき。

_____

③兄との年齢差をたずねるとき。

_____

III 事実関係を変えないように"没有"を使った文に言いかえなさい。

①那个比这个好。

_____

②他的手机比我的便宜。

_____

③这本词典比那本厚。

_____

④长江比黄河长。

_____

⑤美国比中国远。

_____

Ⅳ 与えられた日本語の意味になるように、それぞれについて示してある語句を並び替えなさい。

① 【送　他　我　花儿】。：私は彼に花を贈る。

_____

② 【告诉　没　那　事　他　我　件】。：彼はそのことを私に伝えていない。

_____

③ 【不　我　给　礼物　他】。：私は彼にプレゼントをあげない。

_____

④ 【教　什么　你们　李（Lǐ）老师】？：李先生はあなたたちに何を教えますか？

_____

⑤ 【谁　张（Zhāng）老师　汉语　教】？：張先生は誰に中国語を教えますか？

_____

Ⅴ 次の日本語を中国語に訳し、漢字（簡体字）で書きなさい。適宜句読点を使うこと。

①北京は上海より少し遠い。

_____

②私のパソコンは彼のよりずっと高い。

_____

③この辞書はあの辞書ほどよくない。

_____

④アメリカは中国ほど大きくない。

_____

⑤私は妹と同じくらいの身長だ。

_____

＊＊＊＊＊＊＊＊＊＊＊＊＊＊＊＊＊＊＊＊

便宜 piányi 安い　厚 hòu 厚い　长江 Chángjiāng 長江　黄河 Huánghé 黄河
远 yuǎn 遠い　件 jiàn ～件（ことがらを数える）　礼物 lǐwù プレゼント

第3課

快两点了

Kuài liǎngdiǎn le

语法重点 Yǔfǎ zhòngdiǎn

11

1、快（要）kuài(yào)〜了 le ：近い未来を表す

"快 kuài"、"快要 kuàiyào" と "了 le" で名詞や動詞句を挟むと、それが間もなく実現することを表します。動詞句とは、動詞が目的語など別の成分と形成するフレーズのことをいいます。

> "快 kuài" / "快要 kuàiyào" 〜 "了 le"→「まもなく〜」

①快两点了！ Kuài liǎngdiǎn le!

②他快要回家了。Tā kuàiyào huí jiā le.

＊ "快要" のうしろには動詞を置きます。

×快要三点了。

2、的 de ：修飾語と名詞をつなげる

12

a：動詞または動詞句が名詞を修飾する場合は "的 de" でつなげます。

> 動詞・動詞句＋ "的 de" ＋名詞→「〜する / したところの─」

③我买吃的东西。Wǒ mǎi chīde dōngxi.

④学汉语的学生很多。Xué Hànyǔ de xuésheng hěn duō.

⑤这是妈妈做的衣服。Zhè shì māma zuò de yīfu.

b：文が名詞を修飾する場合も "的 de" でつなげます。

> 文＋ "的 de" ＋名詞→「〜が—する／したところの○○」

⑥他说的日语很好。Tā shuō de Rìyǔ hěn hǎo.

⑦这是他昨天写的信。Zhè shì tā zuótiān xiě de xìn.

c：形容詞（または形容詞句）が名詞を修飾する場合も "的 de" でつなげます。形容詞句というのは、形容詞が副詞などの別の成分と形成するフレーズのことをいいます。

> 形容詞／形容詞句＋ "的 de" ＋名詞→「〜なところの—」

⑧我喜欢吃辣的东西。Wǒ xǐhuan chī là de dōngxi.

⑨中国是很大的国家。Zhōngguó shì hěn dà de guójiā.

⑩公园里有很多孩子。Gōngyuán li yǒu hěn duō háizi.

＊ "很多" は "的" を介さずにものを修飾します。

d： "的" のうしろの名詞を省略すれば、動詞(句)や形容詞(句)を名詞化（「〜もの」）することができます。

⑪你要吃的吗？ Nǐ yào chī de ma?

⑫这是谁写的？我写的。Zhè shì shéi xiě de? Wǒ xiě de.

⑬大的是我的，小的是你的。Dà de shì wǒ de, xiǎo de shì nǐ de.

快~了	kuài~le	まもなく~する（である）	带	dài	持って来る、携帯する
快要~了	kuàiyào~le	まもなく~する	~点儿	diǎnr	少し~
做	zuò	作る	一些	yìxiē	少しの、いささかの
喜欢	xǐhuan	好きである、好む			
			方便面	fāngbiànmiàn	インスタントラーメン
寒假	hánjià	冬休み	不好意思	bùhǎoyìsi	面目ない、申し訳ない
打算	dǎsuan	~するつもりである	麻烦	máfan	面倒（である）
回	huí	帰る、もどる			
老家	lǎojiā	実家、故郷	汉堡	Hànbǎo	ハンバーガー
打工	dǎgōng	アルバイト（をする）	好喝	hǎohē	おいしい（飲み物に対して）
今年	jīnnián	今年			
回去	huíqu	帰っていく	好看	hǎokàn	きれいだ、見栄えが良い
准备	zhǔnbèi	~するつもりである	好听	hǎotīng	きれいだ、美しい（音声に対して）
父母	fùmǔ	両親			
过	guò	過ごす、過ぎる	好穿	hǎochuān	着やすい、履きやすい
新年	xīnnián	新年			
羡慕	xiànmù	うらやましい	好用	hǎoyòng	使いやすい
需要	xūyào	必要とする	铅笔	qiānbǐ	鉛筆

 15

说说看看 Shuōshuo kànkan

好吃的汉堡　hǎochī de Hànbǎo

好喝的可乐　hǎohē de kělè

好看的衣服　hǎokàn de yīfu

好听的音乐　hǎotīng de yīnyuè

好穿的裤子　hǎochuān de kùzi

好用的铅笔　hǎoyòng de qiānbǐ

课 文 Kèwén

 14

A 快 到 寒假 了, 你 打算 回 老家 吗?
　Kuài dào hánjià le, nǐ dǎsuan huí lǎojiā ma?

B 我 得 打工, 今年 不能 回去 了。
　Wǒ děi dǎgōng, jīnnián bùnéng huíqu le.

A 我 准备 回 父母 家 过 新年。
　Wǒ zhǔnbèi huí fùmǔ jiā guò xīnnián.

B 真 羡慕 你!
　Zhēn xiànmù nǐ!

A 需要 给 你 带 什么 东西 吗?
　Xūyào gěi nǐ dài shénme dōngxi ma?

B 我 喜欢 吃 辣 的, 给 我 带 点儿 好 吗?
　Wǒ xǐhuan chī là de, gěi wǒ dài diǎnr hǎo ma?

A 我 给 你 买 一些 四川 方便面 吧。
　Wǒ gěi nǐ mǎi yìxiē Sìchuān fāngbiànmiàn ba.

B 真 不好意思, 那 麻烦 你 了。
　Zhēn bùhǎoyìsi, nà máfan nǐ le.

Ⅰ 次の文をまず先生と一緒に何度も音読しましょう。慣れてきたら教科書を見ずにリ
ピートします。その後、シャドウイングやディクテーションをしましょう。。

①快两点了。Kuài liǎngdiǎn le.

②他快要回家了。Tā kuàiyào huíjiā le.

③那儿有很多孩子。Nàr yǒu hěnduō háizi.

④大的是我的，小的是他的。Dàde shì wǒde，xiǎode shì tāde.

Ⅱ 以下のようなとき、中国語でどういえばよいでしょうか？　この課で学んだ表現を応
用してみましょう。

①中国語の学習者が多いことを伝えるとき。

_____

②相手を四川料理レストランに誘うとき。

（ヒント：四川料理はとても辛いです）

_____

Ⅲ 次の各語句を"的"でつないで「修飾語―被修飾語」の句を作り、日本語に訳しなさい。

①他送我　　　礼物

_____

②很漂亮　　　衣服

_____

③她穿　　　那件衣服

_____

④你想吃　　　东西

_____

⑤我要去　　　地方

_____

⑥很大　　　商店

_____

Ⅳ　Ⅰで作った句を使って次の日本語を中国語に訳し、漢字（簡体字）で書きなさい。適宜句読点を使うこと。

①これは彼がくれたプレゼントです。

_____

②昨日きれいな服を買った。

_____

③私は彼女が着ているあの服が欲しい。

_____

④ここにあなたが食べたいものがありますか？

_____

⑤私が行きたい場所は多い。

_____

⑥ここには大きな店がない。

_____

Ⅴ　次の日本語を中国語に訳し、漢字（簡体字）で書きなさい。適宜句読点を使うこと。

①彼はまもなく中国へ行く。

_____

②電車はもうすぐ来ます。

_____

③もうすぐ冬休みだ。

_____

④私たちは間もなく卒業します。

_____

＊＊＊＊＊＊＊＊＊＊＊＊＊＊＊＊＊＊＊＊＊

地方　dìfang　場所　　电车　diànchē　電車

他在看电影
Tā zài kàn diànyǐng

语法重点 Yǔfǎ zhòngdiǎn

 16

1、正 zhèng、在 zài、呢 ne：動作の進行を表す

"正 zhèng""在 zài" ＋動詞節＋ "呢 ne" →「〜している」

動詞の前に "正 zhèng""在 zài"、文末に "呢 ne" を置くと、その動作が進行中であることを表します。"正"、"在"、"呢" はどの組み合わせでも使うことができます。"正" と "在" を同時に使うときはかならず "正在" の順番に並べます。"呢" は文末に置きます。

①他在看电影。Tā zài kàn diànyǐng.

②他正在打电话呢。Tā zhèng zài dǎ diànhuà ne.

2、看看、等等…：動詞の重ね型

 17

a：同じ動詞を2度くりかえすと動作量の少ないことを表し、「ちょっと〜する」という意味になります。この表現を「動詞の重ね型」と呼びます。2つ目の動詞は軽声で読みます。

③我看看。Wǒ kànkan.

④你等等。Nǐ děngdeng.

⑤我们商量商量吧。Wǒmen shāngliang shangliang ba.

b：重ね型の２つの動詞の間に "一 yi" を置いても同じ意味を表すことができます。"一" と２つ目の動詞は軽声で読みます。この形は二音節の動詞には使うことはできません。

⑥我想一想。Wǒ xiǎng yi xiang.

⑦你听一听。Nǐ tīng yi ting.

⑧我们谈一谈吧。Wǒmen tán yi tan ba.

×我们商量一商量吧。

c：動詞の後ろに "一下 yíxià" を置いても重ね型と同じ意味を表します。

⑨你念一下吧。Nǐ niàn yíxià ba.

⑩我们休息一下！　Wǒmen xiūxi yíxià!

⑪给我看一下。Gěi wǒ kàn yíxià.

3、还是 háishi：「A それとも B?」

 18

２つの語句を "还是 háishi" でつなげると、相手にどちらかを選ばせる疑問文を作ることができます。１つ目の語句の前に "是 shì" を置くこともできます。

> （"是 shì"）A＋ "还是 háishi" ＋B？→「Aか、それともBか？」

⑫他是中学生还是大学生？　Tā shì zhōngxuéshēng háishi dàxuéshēng?

⑬你（是）吃面包还是吃米饭？　Nǐ (shì) chī miànbāo háishi chī mǐfàn?

⑭（是）这个好吃还是那个好吃？(Shì) zhèige hǎochī háishi nèige hǎochī?

⑮（是）我去还是你来？(Shì) wǒ qù háishi nǐ lái?

生词表 Shēngcí biǎo

19

在	zài	～している		稀饭	xīfàn	粥
正在	zhèngzài	～している		等	děng	～など
等	děng	待つ		以外	yǐwài	～以外
商量	shāngliang	相談する		还有	háiyǒu	さらに
想	xiǎng	考える		面粉	miànfěn	小麦粉
谈	tán	話す、語る		面条	miàntiáo	麺
一下	yíxià	ちょっと～する		馒头	mántou	マントウ
还是	háishi	それとも		饼	bǐng	ビン
中学生	zhōngxuéshēng	中学生、高校生		等等	děngděng	～など
				提到	tídào	言及する
				丰富	fēngfù	豊富である
好	hǎo	とても		多彩	duōcǎi	多彩である
久	jiǔ	長い（時間が）		如	rú	たとえば
见	jiàn	会う		各种	gèzhǒng	各種
要	yào	～するつもりである		汤面	tāngmiàn	スープのある麺（ラーメン）
向	xiàng	～に、へ		炸酱面	zhájiàngmiàn	ジャージャン麺
不过	búguò	しかし		打卤面	dǎlǔmiàn	あんかけ麺
没关系	méiguānxi	だいじょうぶ		炒面	chǎomiàn	焼きそば
外面	wàimian	外		以及	yǐjí	および、～と
进	jìn	入る		冷面	lěngmiàn	冷麺
主食	zhǔshí	主食		南方人	nánfāngrén	南方の人
				米	mǐ	米
种类	zhǒnglèi	種類		北方人	běifāngrén	北方の人
除了	chúle	～をのぞいて		面	miàn	小麦粉
大米	dàmǐ	米				

28

课 文 Kèwén

20

A 田中! 好久 没见 了。
Tiánzhōng! Hǎojiǔ méijiàn le.

B 是 小王 啊! 你好, 你好!
Shì Xiǎo-Wáng a! Nǐhǎo, nǐhǎo!

A 你 要 出门 吗?
Nǐ yào chūmén ma?

B 我 和 朋友 去 吃饭。有 什么 事 吗?
Wǒ hé péngyou qù chīfàn. Yǒu shénme shì ma?

A 我 想 向 伊藤 借 本 书。他 在 吗?
Wǒ xiǎng xiàng Yīténg jiè běn shū. Tā zài ma?

B 在, 不过 他 正在 打 电话 呢。
Zài, búguò tā zhèngzài dǎ diànhuà ne.

A 没 关系, 我 等 一 等 他 吧。
Méi guānxi, wǒ děng yi deng tā ba.

B 那 你 是 在 外面 等, 还是 进去* 等?
Nà nǐ shì zài wàimian děng, háishi jìnqu děng?

＊動詞＋方向補語の連語（→第８課）。「入っていく」

中国 主食的 种类 很 多。除了 用 大米 做的 米饭、
Zhōngguó zhǔshíde zhǒnglèi hěn duō. Chúle yòng dàmǐ zuòde mǐfàn,

炒饭、 稀饭 等 以外，还有 用 面粉 做的 包子、饺子、
chǎofàn、 xīfàn děng yǐwài, háiyǒu yòng miànfěn zuòde bāozi、 jiǎozi、

面条、 馒头、 饼 等等。 特别 要 提到的 是* 面条的
miàntiáo、 mántou、 bǐng děngděng. Tèbié yào tídàode shì miàntiáode

种类 丰富 多彩。如 各种 汤面、 炸酱面、 打卤面、
zhǒnglèi fēngfù duōcǎi. Rú gèzhǒng tāngmiàn、 zhájiàngmiàn、 dǎlǔmiàn、

炒面 以及 冷面 等。 一般 来说*， 南方人 喜欢 吃 米，
chǎomiàn yǐjí lěngmiàn děng. Yìbān láishuō, nánfāngrén xǐhuan chī mǐ,

北方人 喜欢 吃 面。
běifāngrén xǐhuan chī miàn.

＊特别提到的是：特に（言及すべきことは）～
＊一般来说：一般的に言って、一般には

　　中国は主食の種類が多いです。お米で作るごはん、チャーハン、おかゆのほかに、小麦粉で作るパオズ※、餃子、麺、マントウ※、ビン※などがあります。特に麺類の種類はさまざまです。たとえば、スープのある麺、ジャージャン麺、あんかけ麺、やきそば、冷麺などです。普通、南方の人はお米を、北方の人は小麦粉を好んで食べます。

※パオズ：水を加えて練った小麦粉に具を入れて蒸した主食。肉まん、あんまんなど。
※マントウ：水を加えて練った小麦粉を蒸した主食。
※ビン：水を加えた小麦粉を薄く伸ばして焼いた主食。

Ⅰ 次の文をまず先生と一緒に何度も音読しましょう。慣れてきたら教科書を見ずにリ
ピートします。その後、シャドウイングやディクテーションをしましょう。

①我正在看电视呢。Wǒ zhèng zài kàn diànshì ne.

②我们谈谈吧。Wǒmen tán tan ba.

③我们谈一谈吧。Wǒmen tán yi tan ba.

④我们谈一下吧。Wǒmen tán yíxià ba.

⑤我们商量商量吧。Wǒmen shāngliang shangliang ba.

⑥你去中国还是去美国？ Nǐ qù Zhōngguó háishi qù Měiguó?

Ⅱ 以下のようなとき、中国語でどういえばよいでしょうか？　この課で学んだ表現を応
用してみましょう。

①食事中であることを伝えたいとき。

_____

②即答できないとき。

　（ヒント：「ちょっと考えてみます」と言えばOKです。）

_____

Ⅲ 与えられた日本語の意味になるように、各文の空欄に適切な語を入れなさい。

①他们 （　　　　　　　　　） 跑步。 「彼らはジョギングをしている。」

②我玩儿游戏 （　　　　　　　　　）。 「私はゲームをしているところです。」

③他在干 （　　　　　　　　　） ？ 「彼は何をしているの？」

④我们走 （　　　　　　　　　） 吧。 「ちょっと歩きましょう。」

⑤你喝啤酒 （　　　　　　　　　） 喝葡萄酒?

「ビールを飲みますか、それともワインを飲みますか？」

Ⅳ 質問に答えなさい。

①你想去北京还是想去上海？ Nǐ xiǎng qù Běijīng háishi xiǎng qù Shànghǎi?

_____

②你是学汉语还是学法语？ Nǐ shì xué Hànyǔ háishi xué Fǎyǔ?

_____

③你喜欢狗还是喜欢猫？ Nǐ xǐhuan gǒu háishi xǐhuan māo?

_____

④中国大还是日本大？ Zhōngguó dà háishi Rìběn dà?

_____

⑤新年，日本人吃面条还是吃年糕?

Xīnnián, Rìběnrén chī miàntiáo háishi chī niángāo?

_____

Ⅴ 次の日本語を中国語に訳し、漢字（簡体字）で書きなさい。適宜句読点を使うこと。

①彼は新聞を読んでいる。

_____

②彼女は電話をかけているところだ。

_____

③ちょっと味を見てごらん。

_____

④ちょっと休みましょう！

_____

⑤これが好き、それとも、あれが好き？　　―― 　あれが好きです。

_____

＊＊＊＊＊＊＊＊＊＊＊＊＊＊＊＊＊＊＊＊

跑步　pǎobù　ジョギングする　　葡萄酒　pútaojiǔ　ワイン　　年糕　niángāo　もち　　尝　cháng　味を見る

他拿着一张照片
Tā názhe yìzhāng zhàopiàn

语法重点 Yǔfǎ zhòngdiǎn

22

1、着 zhe：持続を表す

a：動詞の後ろに"着 zhe"を置くと、動作、またはその動作の結果が持続していることを表します。

> 動詞＋"着 zhe"→「〜している / してある」

①他拿着一张照片。Tā názhe yìzhāng zhàopiàn.

②她唱着好听的歌儿。Tā chàngzhe hǎotīng de gēr.

③他们在里边儿坐着。Tāmen zài lǐbianr zuòzhe.

b：連動文（⇒Ⅰ、第12課）の1つ目の動詞の後ろに"着"を置くと、1つ目の動詞の表す動作が、2つ目の動詞の表す動作をおこなう手段や方法であることを表します。

> 動詞＋"着 zhe"＋動詞→「〜して―する」

④他走着去图书馆。Tā zǒuzhe qù túshūguǎn.

⑤他坐着看报。Tā zuòzhe kàn bào.

⑥我喜欢躺着看书。Wǒ xǐhuan tǎngzhe kàn shū.

C：「動作の持続」は「進行」と意味が近いので、持続を表す "着" は進行を表す "正 zhèng"、"在 zài"、"呢 ne"（⇒第4課）と同時に使われることがあります。

> "正 zhèng" "在 zài" ＋ 動詞 ＋ "着 zhe" 〜呢 ne → 「〜している」

⑦伊藤正听着音乐呢。Yīténg zhèng tīngzhe yīnyuè ne.

⑧他来的时候，我正做着饭呢。Tā láide shíhou, wǒ zhèng zuòzhe fàn ne.

２、疑問詞の呼応用法

 23

　１つの複文の前の部分と後ろの部分に、それぞれ同じ疑問詞を繰り返し使って呼応させることで以下の例のような意味を表します。この２つの疑問詞は同じもの（人、場所、時、数量、方法）を指します。

＊複文とは、文法的には関係を持たず、意味上はつながりを有する２つ以上の文が合わさって作られる文のことを指します。

例：要什么，买什么。Yào shénme, mǎi shénme.
　　「何を欲しい、何を買う」→「欲しいものを買う」

⑨谁想说，谁说。Shéi xiǎng shuō, shéi shuō.

⑩你想去哪儿，我就去哪儿。Nǐ xiǎng qù nǎr, wǒ jiù qù nǎr.

⑪几点能来，几点来。Jǐdiǎn néng lái, jǐdiǎn lái.

⑫你要多少，就拿多少。Nǐ yào duōshao, jiù ná duōshao.

着	zhe	～している、してある
照片	zhàopiàn	写真
躺	tǎng	寝そべる、横になる
的时候	deshíhou	～のとき
做	zuò	作る
习惯	xíguàn	習慣
舒服	shūfu	気持ちがよい、快適である
听说	tīngshuō	聞くところによると、～らしい
对	duì	～に対して
眼睛	yǎnjing	目
骗	piàn	だます
戴	dài	（めがねを）かける、（帽子を）かぶる
眼镜	yǎnjìng	めがね
常常	chángcháng	しょっちゅう、いつも
早餐	zǎocān	朝食
城市	chéngshì	都市
大街	dàjiē	大通り
背	bēi	背負う
提	tí	提げる
皮包	píbāo	（革製の）かばん
白领	báilǐng	サラリーマン
无论	wúlùn	～にかかわらず
大姑娘	dàgūniang	若い女性
小伙子	xiǎohuǒzi	若者
只要	zhǐyào	～でありさえすれば
早饭	zǎofàn	朝食
会	huì	～はずだ
路旁	lùpáng	道端
饭馆儿	fànguǎnr	食堂
或	huò	あるいは
小摊儿	xiǎotānr	屋台
豆浆	dòujiāng	豆乳
油条	yóutiáo	ヨウティァオ
然后	ránhòu	その後
再	zài	それから
上学	shàngxué	学校へ行く

课 文 Kèwén

A 本田， 你 怎么 躺着 看 书 啊?
　 Běntián, nǐ zěnme tǎngzhe kàn shū a?

B 我 喜欢 躺着 看 书。
　 Wǒ xǐhuan tǎngzhe kàn shū.

A 这个 习惯 不 好，你 应该 坐着 看。
　 Zhèige xíguàn bù hǎo, nǐ yīnggāi zuòzhe kàn.

B 可是 躺着 舒服 呀。
　 Kěshì tǎngzhe shūfu ya.

A 我 听说 躺着 看 书 对 眼睛 不 好。
　 Wǒ tīngshuō tǎngzhe kàn shū duì yǎnjing bù hǎo.

B 没 那回 事儿*，我的 眼睛 没 问题。
　 Méi nàhuí shìr, wǒde yǎnjing méi wèntí.

A 不 骗 你，我 都 坐着 看 书。
　 Bú piàn nǐ, wǒ dōu zuòzhe kàn shū.

B 那 你 为什么 还 戴 眼镜 呢?
　 Nà nǐ wèishénme hái dài yǎnjìng ne?

＊没那回事儿：そんなことはない

小知识 Xiǎozhīshi

中国人　　　　常常　　喜欢　在　外面　吃　早餐。　在
Zhōngguórén　chángcháng　xǐhuan　zài　wàimian　chī　zǎocān.　Zài

城市里的　　大街上，　背着　书包的　学生、提着　皮包的　白领，
chéngshìlide　dàjiēshang, bēizhe　shūbāode　xuésheng、tízhe　píbāode　báilǐng,

无论　是　大姑娘，　还是　小伙子，　只要*　没　吃　早饭的　人，都
wúlùn　shì　dàgūniang, háishi　xiǎohuǒzi, zhǐyào　méi　chī　zǎofànde　rén, dōu

会*　在　路旁的　饭馆儿里　或　小摊儿上　喝　碗　豆浆、稀饭，
huì　zài　lùpángde　fànguǎnrli　huò　xiǎotānrshang　hē　wǎn　dòujiāng、xīfàn,

吃　点儿　包子、油条、鸡蛋　什么的，然后　再　去　上学　或　去
chī　diǎnr　bāozi、yóutiáo、jīdàn　shénmede, ránhòu　zài　qù　shàngxué　huò　qù

上班。
shàngbān.

*只要～：～しさえすれば。"就"とともに使われることが多い。
　　例：只要有时间就去。（時間さえあれば、行く。）
*会：助動詞"会"には可能（～できる⇒Ⅰ第12課）のほか、推量（～はずだ）の意味もある。
*什么的：～など。

　中国人はよく外で朝ごはんを食べます。都市の通りには、カバンを背負った生徒、アタッシュケースを持ったサラリーマンが、男女を問わず、朝ごはんを食べていない人なら、みんな道端の食堂や屋台で豆乳やおかゆ、パオズ、ヨウティァオ※、卵などを、飲んだり食べたりしてから学校や会社へ行きます。

※ヨウティァオ：水で溶いた小麦粉を長く伸ばして油で揚げた主食。

Ⅰ 次の文をまず先生と一緒に何度も音読しましょう。慣れてきたら教科書を見ずにリピートします。その後、シャドウイングやディクテーションをしましょう。

①我拿着照片。Wǒ názhe zhàopiàn.

②他带着雨伞。Tā dàizhe yǔsǎn.

③我坐着看报。Wǒ zuòzhe kàn bào.

④你要什么，就买什么。Nǐ yào shénme, jiù mǎi shénme.

Ⅱ 以下のようなとき、中国語でどういえばよいでしょうか？ この課で学んだ表現を応用してみましょう。

①相手が手に持っているものを知りたいとき。

_____

②相手に好きなだけ食べてほしいとき。

_____

Ⅲ 次の動詞に "着 zhe" を加え、訳しなさい。

意味

①站 zhàn _____ （　　　　　　　　）

②坐 zuò _____ （　　　　　　　　）

③带 dài _____ （　　　　　　　　）

④看 kàn ＿＿＿＿＿＿ （　　　　　　　）

⑤躺 tǎng ＿＿＿＿＿＿ （　　　　　　　）

Ⅳ 与えられた日本語の意味になるように、それぞれについて示してある語句を並び替え
なさい。

① 【呢　他们　聊天儿 liáotiānr　着　站】。
「彼らは立っておしゃべりをしている。」

＿＿＿＿＿＿＿＿＿＿＿＿＿＿＿＿＿＿＿＿＿＿＿＿＿＿

② 【坐　打　她　呢　着　电话】。
「彼女は座って電話をかけている。」

＿＿＿＿＿＿＿＿＿＿＿＿＿＿＿＿＿＿＿＿＿＿＿＿＿＿

③ 【着　吧　你　来　雨伞　带】。
「かさを持って来てください。」

＿＿＿＿＿＿＿＿＿＿＿＿＿＿＿＿＿＿＿＿＿＿＿＿＿＿

④ 【我们　商量　吧　着　看】。
「見ながら相談しましょう。」

＿＿＿＿＿＿＿＿＿＿＿＿＿＿＿＿＿＿＿＿＿＿＿＿＿＿

⑤ 你【做　要　什么　就　什么　做】吧。
「やりたいことをやりなさい。」

＿＿＿＿＿＿＿＿＿＿＿＿＿＿＿＿＿＿＿＿＿＿＿＿＿＿

V 次の日本語を中国語に訳し、漢字（簡体字）で書きなさい。適宜句読点を使うこと。

①彼女は絵を描いている。

_____

②彼らは後ろに立っている。

_____

③彼女はコートを着ている。

_____

④彼は帽子をかぶっている。

_____

⑤私はパソコンを打ちながら音楽を聞く。

_____

＊＊＊＊＊＊＊＊＊＊＊＊＊＊＊＊＊＊＊＊

站 zhàn 立つ　聊天儿 liáotiānr おしゃべりをする　后面 hòumian 後ろ　大衣 dàyī コート
帽子 màozi 帽子　打 dǎ 打つ、タイプする

第6課 外边儿有一辆自行车

Wàibianr yǒu yíliàng zìxíngchē

语法重点 Yǔfǎ zhòngdiǎn

1、存現文：ものごとの出現、存在、消失を表す

a：ある場所にものや人が存在することを表すとき、動詞 "有 yǒu" を使います。（⇒Ⅰ、第7課）

> 場所＋"有 yǒu"＋モノ→「〜に―がある/いる」（存在）

①外边儿有一辆自行车。Wàibianr yǒu yíliàng zìxíngchē.

②椅子下边儿有一条狗。Yǐzi xiàbianr yǒu yìtiáo gǒu.

b：a の構文の "有" の部分に "動詞＋着 zhe"（⇒第5課）を置くと、その「あり方」をより具体的に表現できます。

> 場所＋動詞＋"着 zhe"＋モノ/ヒト→「〜に―が○○している/してある」（存在）

③外边儿停着一辆汽车。Wàibianr tíngzhe yíliàng qìchē.

④椅子上睡着一只猫。Yǐzishang shuìzhe yìzhī māo.

c：b の構文の "着 zhe" の位置に "了" を置くと、ものごとの出現や消失を表現することができます。

> 場所＋動詞＋"了 le"＋モノ/ヒト→「〜から―が○○した」（消失）
> → 「〜に―が○○した」（出現）

⑤班里走了一个学生。（消失）Bānli zǒule yíge xuésheng.

⑥前边儿来了两位老师。（出現）Qiánbianr láile liǎngwèi lǎoshī.

d： 自然現象は存現文で表すので、意味上の主語である"雨 yǔ"、"雪 xuě"、"风 fēng"、"花 huā"、"芽 yá"、"雷 léi"などの語が動詞の後ろに置かれます。

下雨 xià yǔ   下雪 xià xuě   刮风 guā fēng   开花 kāi huā

发芽 fā yá   打雷 dǎ léi

⑦下雨了！ Xià yǔ le!

⑧外面刮着大风呢。Wàimian guāzhe dàfēng ne.

2、"地 de"：連用修飾語を作る

28

2音節以上の形容詞の後ろに"地 de"を置き、その形容詞が"地"の後ろにある動詞を修飾することを表します。

⑨我可以慢慢儿地走。Wǒ kěyǐ mànmānrde zǒu.（× 我可以慢地走。）

⑩你认真地想想吧。Nǐ rènzhēnde xiǎngxiang ba.

⑪你们好好儿地复习！ Nǐmen hǎohāorde fùxí!

⑫他们高兴地说着、笑着。Tāmen gāoxìngde shuōzhe、xiàozhe.

＊"地"は省略することもできます。
　我可以慢慢儿（地）走。

辆	liàng	～台（乗り物を数える）	怎么	zěnme	どうやって
停	tíng	停まる	公共汽车	gōnggòngqìchē	バス
班	bān	クラス	哎	āi	ああ（感嘆）
下	xià	降る	出租车	chūzūchē	タクシー
雨	yǔ	雨	正好	zhènghǎo	ちょうど
雪	xuě	雪			
刮	guā	吹く	面积	miànjī	面積
风	fēng	風	平方公里	píngfānggōnglǐ	平方キロ
开	kāi	開く、咲く	大约	dàyuē	およそ
花	huā	花	倍	bèi	倍
发	fā	（芽が）出る	由于	yóuyú	～なので、～だから
芽	yá	芽	国土	guótǔ	国土
打	dǎ	（雷が）鳴る	辽阔	liáokuò	広い
雷	léi	雷	气候	qìhòu	気候
慢慢儿	mànmānr	ゆっくりと	相差	xiāngchà	相違
认真	rènzhēn	真面目である	例如	lìrú	たとえば
好好儿	hǎohāor	しっかりと	寒冷	hánlěng	寒い
高兴	gāoxìng	嬉しい、喜ぶ	气温	qìwēn	気温
笑	xiào	笑う	低	dī	低い
			经常	jīngcháng	いつも、しょっちゅう
就	jiù	それから			
行	xíng	よろしい	省	shěng	省（中国の行政単位）
可能	kěnéng	おそらく			
一会儿	yíhuìr	しばらく	较	jiào	わりと、比較的
约会	yuēhuì	会う約束、デート	很少	hěnshǎo	めったに～ない

课 文 Kèwén

 30

A 你 要 去 哪儿? 外面 刮着 大风 呢。
　 Nǐ yào qù nǎr? Wàimian guāzhe dàfēng ne.

B 没 关系, 只要 不 下雨 就 行。
　 Méi guānxi, zhǐyào bú xiàyǔ jiù xíng.

A 可能 一会儿 就 要 下。
　 Kěnéng yíhuìr jiù yào xià.

B 我 有 个 约会, 不 能 不 去。
　 Wǒ yǒu ge yuēhuì, bù néng bú qù.

A 那 你 打算 怎么 去 呢?
　 Nà nǐ dǎsuàn zěnme qù ne?

B 我 想 坐 公共汽车 去。
　 Wǒ xiǎng zuò gōnggòngqìchē qù.

A 哎, 你 看! 那边儿 来了 一辆 出租车。
　 Āi, nǐ kàn! Nèibianr láile yíliàng chūzūchē.

B 正好, 那 我 坐 出租车 去 吧。
　 Zhènghǎo, nà wǒ zuò chūzūchē qù ba.

小知识 Xiǎozhīshi

中国的 面积 有 960万 平方 公里，大约 是
Zhōngguóde miànjī yǒu jiǔbǎi liùshíwàn píngfāng gōnglǐ, dàyuē shì

日本的 25 倍。由于 国土 辽阔， 南方 和 北方的 气候
Rìběnde èrshiwǔ bèi. Yóuyú guótǔ liáokuò, nánfāng hé běifāngde qìhòu

相差 很大。 例如 中国 最 北边的 黑龙江省 冬天
xiāngchà hěndà. Lìrú Zhōngguó zuì běibiande Hēilóngjiāngshěng dōngtiān

寒冷， 气温 低，还 经常 下雪。但是 南边的 广东、
hánlěng, qìwēn dī, hái jīngcháng xiàxuě. Dànshì nánbiande Guǎngdōng、

福建 等 省 冬天 暖和， 气温 较 高，也 很少 下 雪。
Fújiàn děng shěng dōngtiān nuǎnhuo, qìwēn jiào gāo, yě hěnshǎo xià xuě.

中国の面積は960万km^{2}で、およそ日本の25倍です。国土が広大なので、南と北の気候の格差が大きいです。たとえば、最北の黒竜江省は冬寒く、気温が低く、よく雪も降ります。しかし南の広東、福建などの省は冬暖かく、気温も高めで、雪もめったに降りません。

练 习 Liànxí

Ⅰ 次の文をまず先生と一緒に何度も音読しましょう。慣れてきたら教科書を見ずにリピートします。その後、シャドウイングやディクテーションをしましょう。

①教室里有一个学生。Jiàoshìli yǒu yíge xuésheng.

②教室里坐着一个学生。Jiàoshìli zuòzhe yíge xuésheng.

③前面来了一条狗。Qiánmian láile yìtiáo gǒu.

④家里跑了一只猫。Jiāli pǎole yìzhī māo.

Ⅱ 以下のようなとき、中国語でどういえばよいでしょうか？　この課で学んだ表現を応用してみましょう。

① （箱の）中身が知りたいとき。

_____

②外の天気が大荒れであることを伝えるとき。

_____

Ⅲ 与えられた日本語の意味になるように、各文の空欄に適切な語を入れなさい。また、各文が「存在」、「出現」、「消失」のいずれを表す存現文であるかを答えなさい。

①那边儿坐 （　　　　　　） 四个学生。　「あそこに学生が４人座っている。」

存現文の種類 （　　　　　　　）

②墙上挂 （　　　　　　） 一张地图。　「壁に地図が１枚掛けてある。」

存現文の種類 （　　　　　　　）

③昨天家里来 （　　　　　　） 两位客人。　「昨日家に２人お客が来た。」

存現文の種類 （　　　　　　　）

④前边儿跑来*（　　　　　　）一只狗。　「前から犬が１匹走って来た。」

　　存現文の種類（　　　　　　　　　）

⑤我家附近搬走（　　　　）一家人。

　　「我が家の近所から１つの家族が引っ越して行った。」

　　存現文の種類（　　　　　　　　　）

　　＊走って来る（動詞＋方向補語　⇒　第８課）

Ⅳ 与えられた日本語の意味になるように、それぞれについて示してある語句を並び替えなさい。

① 【着　操场 cāochǎng　上　学生　站　很多】。
「グラウンドにたくさんの学生が立っている。」

_____

② 【摆 bǎi　三个　着　货架上 huòjiàshang　皮箱 píxiāng】。
「商品棚にスーツケースが３つ並べてある。」

_____

③ 【病人 bìngrén　床上 chuángshang　着　一个　躺 tǎng】。
「ベッドの上に患者が横になっている。」

_____

④ 【衬衫 chènshān　放　抽屉 chōuti　里　着　很多】。
「引出しの中にブラウスがたくさんしまってある。」

_____

⑤ 【着　雨衣 yǔyī　门口 ménkǒu　挂 guà　三件 jiàn】。
「玄関に３着のレインコートが掛けてある。」

_____

Ⅴ 次の日本語を中国語に訳し、漢字（簡体字）で書きなさい。適宜句読点を使うこと。

①後ろにたくさんの人が立っている。

_____

②本棚にいろいろな辞書が置いてある。

_____

③前に先生が1人立っている。

_____

④となりに1人の学生が座っている。

_____

⑤カバンの中にパソコンが入っている。

_____

＊＊＊＊＊＊＊＊＊＊＊＊＊＊＊＊＊＊＊＊＊

墙 qiáng 壁　挂 guà かける　地图 dìtú 地図　客人 kèren 客　附近 fùjìn 近隣、近所
搬走 bānzǒu 引っ越して行く　一家人 yìjiā rén 一家族（の人）　操场 cāochǎng グラウンド、運
動場　摆 bǎi 並ぶ、並べる　货架 huòjià 商品棚　皮箱 píxiāng トランク　病人 bìngrén
病人　床 chuáng ベッド　雨衣 yǔyī レインコート　门口 ménkǒu 出入り口　放 fàng 置く

我要学好汉语

Wǒ yào xuéhǎo Hànyǔ

語法重点 Yǔfǎ zhòngdiǎn

32

1、結果補語

a： 動詞の後ろにその動作の結果を表す語（動詞または形容詞）を置くことがあります。動詞の後ろに置かれるその成分を結果補語といいます。

動詞＋その動作の結果を表す動詞／形容詞（＝結果補語）→「〜した結果〜する／になる」

学好 xuéhǎo：学ぶ ＋ よい →マスターする

找到 zhǎodào：さがす ＋ たどり着く →（あるものが）見つかる

看见 kànjiàn：見る ＋ 認識する →見える

b： 主な結果補語には以下のものがあります。

- 好 hǎo：—をやりとげる、きちんと—する

- 完 wán：—し終わる、—し終える

- 到 dào：—して〜にいたる、〜まで—する

- 错 cuò：—しまちがえる

- 懂 dǒng：—した結果理解する

- 见 jiàn：—した結果認識する

①我要学好汉语。Wǒ yào xuéhǎo Hànyǔ.

②今天的作业我已经做好了。Jīntiānde zuòyè wǒ yǐjing zuòhǎo le.

③这本书我看完了。Zhèběn shū wǒ kànwán le.

④今天我们学到第四课吧！ Jīntiān wǒmen xuédào dìsì kè ba!

⑤你的笔找到了吗？还没找到。Nǐde bǐ zhǎodào le ma? Hái méi zhǎodào.

⑥他又写错了两个字。Tā yòu xiěcuò le liǎng ge zì.

⑦他说的中文我都听懂了。Tā shuōde Zhōngwén wǒ dōu tīngdǒng le.

⑧我能看懂英文报。Wǒ néng kàndǒng Yīngwén bào.

⑨那是什么？你看见了吗？ Nà shì shénme? Nǐ kànjiàn le ma?

⑩你说什么？我没听见。Nǐ shuō shénme? Wǒ méi tīngjiàn.

＊結果補語は無数にありますので、出会った時点で覚えましょう！

2、疑問詞を使った強調構文―強調構文① 33

以下のように疑問詞を使うと強調を表すことができます。

疑問詞　＋　都／也　＋　動詞

⑪他什么都知道。Tā shénme dōu zhīdào.

⑫谁都不能来。Shéi dōu bùnéng lái.

⑬我哪儿也不想去。Wǒ nǎr yě bùxiǎng qù.

找	zhǎo	探す	几乎	jīhū	ほとんど
见	jiàn	認識する、知覚する	随着	suízhe	～にしたがって
			发展	fāzhǎn	発展（する）
完	wán	終わる	虽然	suīrán	～ではあるが
到	dào	到着する	公家车	gōngjiāchē	社用車、公用車
错	cuò	間違える	地铁	dìtiě	地下鉄
懂	dǒng	理解する	轻轨	qīngguǐ	路面電車
			交通	jiāotōng	交通
讲	jiǎng	話す	工具	gōngjù	道具
有的	yǒude	ある～	日益	rìyì	日増しに
			增多	zēngduō	増える
城市	chéngshì	都市	但	dàn	しかし
道	dào	道	硕大	shuòdà	大きい
两旁	liǎngpáng	両脇	身影	shēnyǐng	姿

课 文 Kèwén

A 第三课　学完了　吗?
Dìsānkè　xuéwánle　ma?

B 上　星期　已经　学完了。
Shàng　xīngqī　yǐjing　xuéwánle.

A 老师　讲的　你　都　听懂了　吗?
Lǎoshī　jiǎngde　nǐ　dōu　tīngdǒngle　ma?

B 有的　地方　听懂了，有的　地方　没　听懂。
Yǒude　dìfang　tīngdǒngle, yǒude　dìfang　méi　tīngdǒng.

A 汉语　太　难　了! 你　为什么　学　汉语　啊。
Hànyǔ　tài　nán　le! Nǐ　wèishénme　xué　Hànyǔ　a.

B 我　想　学好　汉语　以后　去　中国　旅行。
Wǒ　xiǎng　xuéhǎo　Hànyǔ　yǐhòu　qù　Zhōngguó　lǚxíng.

A 我　也　想　去　中国　看看。
Wǒ　yě　xiǎng　qù　Zhōngguó　kànkan.

B 那　明年　我们　一起　去，怎么样?
Nà　míngnián　wǒmen　yìqǐ　qù, zěnmeyàng?

小知识 Xiǎozhīshi

在　　中国的　　大城市里，汽车道　　两旁　几乎　都　有
Zài　Zhōngguóde　dàchéngshìli, qìchēdào　liǎngpáng　jīhū　dōu　yǒu

自行车道。　随着　　中国　　经济的　发展，虽然　公家车、私家车、
zìxíngchēdào. Suízhe Zhōngguó　jīngjìde　fāzhǎn, suīrán　gōngjiāchē、sījiāchē、

出租车、摩托车、地铁、　轻轨　　等等　　各种　　交通　　工具
chūzūchē、mótuōchē、dìtiě、　qīngguǐ　děngděng　gèzhǒng　jiāotōng　gōngjù

日益增多，但　还是　有人　喜欢　骑　自行车　　上　下班。在
rìyìzēngduō, dàn　háishi　yǒurén　xǐhuan　qí　zìxíngchē　shàng　xiàbān. Zài

硕大的　大学　校园里，你　还　经常　可以　看到　同学们　骑着
shuòdàde dàxué xiàoyuánli, nǐ hái jīngcháng kěyǐ kàndào tóngxuémen qízhe

车　去　教室　上课的　　身影。
chē qù jiàoshì shàngkède shēnyǐng.

　中国の大都市では、車道の両側にかならず自転車用の道があります。中国経済の発展にしたがい、社用車、マイカー、タクシー、バイク、地下鉄、路面電車などのいろいろな交通手段は増す一方ですが、それでも自転車で通勤をするのを好む人々がいます。広大な大学のキャンパスでは、よく学生たちが自転車で教室へ授業に出かける姿を見ることができます。

Ⅰ　次の文をまず先生と一緒に何度も音読しましょう。慣れてきたら教科書を見ずにリピートします。その後、シャドウイングやディクテーションをしましょう。

①我做好了。Wǒ zuòhǎo le.

②我吃完了。Wǒ chīwán le.

③他找到了。Tā zhǎodào le.

④她说错了。Tā shuōcuò le.

⑤他什么都吃。Tā shénme dōu chī.

Ⅱ　以下のようなとき、中国語でどういえばよいでしょうか？　この課で学んだ表現を応用してみましょう。

①相手の話す中国語がよくわからないとき。

_____

②（入手困難な）スマートフォンがようやく買えたとき。

　ようやく：终于　zhōngyú　スマートフォン：(智能 zhìnéng) 手机

_____

③欲しいものが何もないとき。

_____

Ⅲ　与えられた日本語の意味になるように、各文の空欄に適切な語を入れなさい。

①这封信你写（　　　　　）了吗？　「この手紙をちゃんと書きましたか？」

②等一下，我还没吃（　　　　　）呢。

　「ちょっと待って、私はまだ食べ終わっていません。」

③我的眼镜还没找（　　　　）。　「私のめがねはまだ見つかっていません。」

④老师说的话，我没听（　　　　）。

「先生の言ったことを、私は理解していません。」

⑤这么大的猫，我从来没看（　　　　）过。

「こんなに大きな猫を、私は今まで見たことがありません。」

Ⅳ 結果補語の意味を考えながら、日本語に訳しなさい。

①那个游戏机我终于买到了。Nèige yóuxìjī wǒ zhōngyú mǎidào le.

_____

②这个车不到新宿，你坐错了。Zhèige chē bú dào Xīnsù, nǐ zuòcuò le.

_____

③第三课我们还没学完。Dìsānkè wǒmen háiméi xuéwán.

_____

④你翻译成日语吧。Nǐ fānyìchéng Rìyǔ ba.

_____

⑤那些衣服你都洗干净了吗? Nàxiē yīfu nǐ dōu xǐgānjing le ma?

_____

＊＊＊＊＊＊＊＊＊＊＊＊＊＊＊＊＊＊＊

游戏机 yóuxìjī ゲーム機　 终于 zhōngyú ついに　 翻译 fānyì 訳す　 成 chéng ～になる
干净 gānjing 清潔である

56

说说 看看 　もう少し量詞を覚えましょう

ものごとを数える量詞

一位 老师　1人の先生（人を数える "个" の敬称）
yíwèi lǎoshī

两棵 树　2本の木（樹木）
liǎngkē shù

三台 冰箱　3台の冷蔵庫（大型の機械、家電）
sāntái bīngxiāng

四架 相机　4台のカメラ（小型の機械、家電）
sìjià xiàngjī

五辆 汽车　5台の自動車（車両）
wǔliàng qìchē

六间 屋子　6つの部屋（部屋）
liùjiān wūzi

七座 大楼　7棟のビル（大きな建物、山など）
qīzuò dàlóu

八套 西服　8セットのスーツ（セット）
bātào xīfú

九条 领带　9本のネクタイ（ひも状のもの）
jiǔtiáo lǐngdài

十幅 画儿　10枚の絵（絵画、書画）
shífú huàr

十一件 事儿　11件のこと（出来事、事項）
shíyījiàn shìr

十二份 资料　12部の資料（文書、新聞など）
shí'èrfèn zīliào

十三块 巧克力　13かけらのチョコレート（塊状のもの）
shísānkuài qiǎokèlì

十四篇 论文　14編の論文（文章）
shísìpiān lùnwén

十五句 话　15のことば（文、語句、ことば）
shíwǔjù huà

時間量を数える量詞

一段 时间　一定の時間
yíduàn shíjiān

一场 大雨　一しきりの大雨
yìcháng dàyǔ

動作量（回数）を数える量詞

去 一趟 上海　上海を1往復する
qù yítàng Shànghǎi

吃 三顿 饭　3度の食事をする
chī sāndùn fàn

第8課

他跑来了
Tā pǎolai le

语法重点 Yǔfǎ zhòngdiǎn

37

1、方向補語

a：動詞の後ろに動詞の "来 lai" か "去 qu" を置き、その動作の向かう方向を表します。この "去" と "来" を方向補語といいます。（単純方向補語）。"来" はその前に置かれた動詞が表す動作が向かってくるイメージ、"去" はそれが離れて行くイメージを表します。方向補語として使われる "来" と "去" は軽声で読みます。

> 走来 zǒulai：「歩く」＋「来る」→「歩いてくる」
> 帯去 dàiqu：「携帯する」＋「行く」→「持っていく」

①他跑来了。Tā pǎolai le.

②你拿去吧！ Nǐ náqu ba!

b：中国語には「方向動詞」という動詞が7つあります。方向動詞に方向補語の "来" か "去" をつけてみましょう。

方向動詞	上 shàng（上る）	下 xià（下る）	进 jìn（入る）	出 chū（出る）	回 huí（戻る）	过 guò（過ぎる、渡る）	起 qǐ（起きる）
- 去 qu	上去	下去	进去	出去	回去	过去	―
- 来 lai	上来	下来	进来	出来	回来	过来	起来

③你上去吧！ Nǐ shàngqu ba!

④他出来了。Tā chūlai le.

⑤你过去吧！ Nǐ guòqu ba!

⑥她还没起来。Tā hái méi qǐlai.

c：“方向動詞＋去／来”の連語※は、他の動詞の後ろに置かれ、方向補語になります（複合方向補語）。

※連語とは、複数の語をある法則に従って組み合わせて作る構造のことをいいます。

⑦你拿<u>出来</u>吧！　Nǐ ná chūlai ba!

⑧他跑<u>上去</u>了。Tā pǎo shàngqu le.

⑨你走<u>过去</u>吧！　Nǐ zǒu guòqu ba!

⑩你站<u>起来</u>！　Nǐ zhàn qǐlai!

⑪我想<u>起来</u>了。Wǒ xiǎng qǐlai le.

＊想起来：思い出す。方向補語はこのような慣用表現を作ることがあります（⇒第12課）。

d：方向補語の文では、目的語を原則として“来”、“去”の前に置きます。

⑫他跑<u>出</u>房间<u>去</u>了。Tā pǎo chū fángjiān qu le.

⑬她走<u>过</u>马路<u>去</u>了。Tā zǒuguò mǎlù qu le.

⑭我想<u>起</u>他<u>来</u>了。Wǒ xiǎngqǐ tā lai le.

2、“一”＋量詞を使った強調表現—強調構文② 38

以下のように「一＋量詞」のフレーズを使うと強調を表すことができます。

“一”＋量詞　＋　都／也　＋　動詞

⑮我一个也不要。Wǒ yíge yě búyào.

⑯一个人都没来。Yíge rén dōu méi lái.

⑰德语我一点儿也不会说。Déyǔ wǒ yìdiǎnr yě búhuì shuō.

上	shàng	あがる	老人	lǎorén	老人
下	xià	おりる	对	duì	～対、～ペア
出	chū	出る	夫妻	fūqī	夫婦
过	guò	過ぎる、渡る	小孩儿	xiǎoháir	子供
拿	ná	手に持つ	种	zhǒng	種類
行李	xíngli	荷物	情况	qíngkuàng	情況
房间	fángjiān	部屋	原因	yuányīn	原因
马路	mǎlù	通り	多	duō	～あまり、～強
			以前	yǐqián	以前
睡懒觉	shuìlǎnjiào	寝坊をする	为了	wèile	～のために
快	kuài	はやく	控制	kòngzhì	コントロールする
你早	nǐzǎo	おはよう			
唉	ái	ああ（感嘆）	人口	rénkǒu	人口
同屋	tóngwū	ルームメート	快速	kuàisù	速い
早就	zǎojiù	とっくに	增长	zēngzhǎng	増加
说好	shuōhǎo	約束する、話を決める	政府	zhèngfǔ	政府
			实行	shíxíng	実行する
看来	kànlái	見たところ	计划生育	jìhuà shēngyù	計画的な出産と育児
迟到	chídào	遅れる			
			政策	zhèngcè	政策
出现	chūxiàn	現れる、出現する	规定	guīdìng	規定する
			只	zhǐ	～だけ、～のみ
新词	xīncí	新語	生	shēng	生む
意思	yìsi	意味	所以	suǒyǐ	だから
家庭	jiātíng	家庭	这样	zhèyàng	このように、このような

课 文 Kèwén

40

A 还 在 睡 懒 觉, 快 起来 吧!
　Hái zài shuì lǎn jiào, kuài qǐlai ba!

B 渡边, 是 你 啊! 你早, 你早!
　Dùbiān, shì nǐ a! Nǐzǎo, nǐzǎo!

A 已经 不 早 了, 都 十一点 半 了。
　Yǐjing bù zǎo le, dōu shíyīdiǎn bàn le.

B 真的? 诶, 咱们 同屋的 人 呢?
　Zhēnde? Ái, zánmen tóngwūde rén ne?

A 他们 早就 出去 了。
　Tāmen zǎojiù chūqu le.

B 我 想 起来 了, 今天 说好 了 一起 吃 午饭。
　Wǒ xiǎng qǐlai le, jīntiān shuōhǎo le yìqǐ chī wǔfàn.

A 对 呀, 你 快 换 衣服 吧。
　Duì ya, nǐ kuài huàn yīfu ba.

B 看来*, 我 又 要 迟到 了*。
　Kànlai, wǒ yòu yào chídào le.

　*看来：見たところ
　*要～了：まもなく～する

小知识 Xiǎozhīshi

 41

汉语　中　　出现　了　一个　新词,　叫　"四二一家庭"。意思
Hànyǔ zhōng chūxiàn le yíge xīncí, jiào "Sì èr yī jiātíng". Yìsi

是　说　一个　家庭　　中　　有　四个　老人、一对　夫妻　和　一个
shì shuō yíge jiātíng zhōng yǒu sìge lǎorén、 yíduì fūqī hé yíge

小孩儿。
xiǎoháir.

为什么　　会　出现　　这种　　　情况　　呢? 原因　是　三十
Wèishénme huì chūxiàn zhèzhǒng qíngkuàng ne? Yuányīn shì sānshi

多　年　以前,　为了　控制　人口的　快速　　增长,　　中国
duō nián yǐqián, wèile kòngzhì rénkǒude kuàisù zēngzhǎng, Zhōngguó

政府　　实行了　计划　生育　政策,　规定　一对　夫妻　只　能　　生
zhèngfǔ shíxíngle jìhuà shēngyù zhèngcè, guīdìng yíduì fūqī zhǐ néng shēng

一个　孩子。所以,　现在的　　中国　　就　有了　很多　　这样的　　家庭。
yíge háizi. Suǒyǐ, xiànzàide Zhōngguó jiù yǒule hěnduō zhèyàngde jiātíng.

中国語に「四二一ファミリー」という新しい言葉が登場しました。1つの家庭に4人の老人と、1組の夫婦と1人の子供がいる、という意味です。

なぜこんな現象が起きたのでしょうか。その原因は30年以上前に、人口の急激な増加を抑制するために、中国政府が一人っ子政策を実施し、1組の夫婦は子供を1人しか産んではいけない、と決めたからです。なので、いまの中国ではこのような家庭が多く見られるのです。

I 次の文をまず先生と一緒に何度も音読しましょう。慣れてきたら教科書を見ずにリピートします。その後、シャドウイングやディクテーションをしましょう。

①你上去吧。Nǐ shàngqu ba.

你上楼去吧。Nǐ shàng lóu qu ba.

②他拿出来了。Tā ná chūlai le.

他拿出手机来了。Tā náchū shǒujī lai le.

③他回来了。Tā huílai le.

他跑回来了。Tā pǎo huílai le.

他跑回家来了。Tā pǎo huí jiā lai le.

④我一个也不要。Wǒ yíge yě búyào.

II 以下のようなとき、中国語でどういえばよいでしょうか？ この課で学んだ表現を応用してみましょう。

①道の向こうにいる友達をこっちに呼びたいとき。

_____

②駄々をこねて座り込んだ小さな子供を立たせたいとき。

_____

③一文無しになってしまった時。

（ヒント：「1元 一块钱 yíkuài qián」を使ってみましょう）

_____

Ⅲ 次の日本語を中国語に訳し、漢字（簡体字）で書きなさい。適宜句読点を使うこと。

①私は歩いて上って行った。

_____

②彼女は歩いて下りて来た。

_____

③彼は走って渡って行った。

_____

④彼は走って出て来た。

_____

Ⅳ Ⅲで作った各文の適切な場所に次の各語（目的語）を入れて文を完成させ、それを訳しなさい。適宜句読点を使うこと。

①楼

_____

②山

_____

③桥

_____

④教室

_____

Ⅴ 次の各文の中の方向補語に下線を引き、全文を日本語に訳しなさい。

①他从衣柜里拿出了一条裙子来。　Tā cóng yīguìli ná chūle yì tiáo qúnzi lai.

_____

②他的名字，我还没想起来。　Tāde míngzi, wǒ háiméi xiǎng qǐlai.

_____

③他的病好一点儿了，今天可以坐起来了。

　Tāde bìng hǎo yìdiǎnr le, jīntiān kěyǐ zuò qǐlai le.

_____

④有时间的话，你们过来找我吧。

　Yǒu shíjiān dehuà, nǐmen guòlai zhǎo wǒ ba.

_____

⑤那个广告，你赶快摘下来吧。Nèige guǎnggào, nǐ gǎnkuài zhāi xiàlai ba.

_____

＊＊＊＊＊＊＊＊＊＊＊＊＊＊＊＊＊＊＊＊

楼 lóu ビル　　山 shān 山　　桥 qiáo 橋　　衣柜 yīguì 洋服だんす　　裙子 qúnzi スカート
的话 dehuà ～ならば　　广告 guǎnggào 広告　　赶快 gǎnkuài 早く、さっさと　　摘 zhāi はが
す、もぐ

他讲的中文我听得懂

Tā jiǎngde Zhōngwén wǒ tīng de dǒng

语法重点 Yǔfǎ zhòngdiǎn

42

可能補語

a： 動詞と結果補語（⇒第7課）、または方向補語（⇒第8課）の間に"得 de"を入れるとそれが可能であることを、"不 bu"を入れるとそれが不可能であることを表します。この"得"、"不"以下の部分の成分を可能補語といいます。

> 動詞＋"得 de" ／ "不 bu" ＋結果補語→「～することができる／できない」

学得好 xué de hǎo："学好"できる⇒マスターできる

学不好 xué bu hǎo："学好"できない⇒マスターできない

> 動詞＋"得 de" ／ "不 bu" ＋方向補語→「～することができる／できない」

回得来 huí de lai："回来"できる⇒戻って来られる

回不来 huí bu lai："回来"できない⇒戻って来られない

①他讲的中文我听得懂。Tā jiǎngde Zhōngwén wǒ tīng de dǒng.

②今天的作业这么多，一天做不完。Jīntiānde zuòyè zhème duō, yìtiān zuò bu wán.

③你写的字这么小，我看不清楚。Nǐ xiěde zì zhème xiǎo, wǒ kàn bu qīngchu.

④这张床不大，搬得进去。Zhèzhāng chuáng bú dà, bān de jìnqu.

⑤晚上下大雪，爸爸回不来了。Wǎnshang xià dàxuě, bàba huí bu lai le.

⑥她喝醉了，站不起来。Tā hēzuì le, zhàn bu qǐlai.

b：反復疑問文（⇒Ⅰ、第4課）を作るときは次のようになります。

⑦汉语小说你看得懂吗？ Hànyǔ xiǎoshuō nǐ kàn de dǒng ma?

= 汉语小说你看得懂看不懂？ Hànyǔ xiǎoshuō nǐ kàn de dǒng kàn bu dǒng?

⑧路很窄，我们走得过去吗？ Lù hěn zhǎi, wǒmen zǒu de guòqu ma?

= 路很窄，我们走得过去走不过去？

Lù hěn zhǎi, wǒmen zǒu de guòqu zǒu bu guòqu?

c：慣用表現として使われるものもあります。

⑨他明天有事儿，来不了。 Tā míngtiān yǒu shìr, lái buliǎo.

（"- 不了 -buliǎo：～できない、～しきれない）

⑩这个东西不干净，吃不得。 Zhèige dōngxi bù gānjing, chī bude.

（- 不得 -bude：～できない、～してはならない）

＊可能補語の文は助動詞 "能"（⇒Ⅰ、第12課）を使って言いかえられることもあります。

带得回去＝能带回去 néng dài huíqu

听不懂＝不能听懂 bùnéng tīngdǒng

 生词表 Shēngcí biǎo

搬	bān	運ぶ
醉	zuì	酔う
窄	zhǎi	せまい
事儿	shìr	用事
不了	buliǎo	〜しきれない
不得	bude	〜できない

伞	sǎn	かさ
如果	rúguǒ	もしも
怎么办	zěnmebàn	どうしよう
世界杯	Shìjièbēi	ワールド・カップ
足球赛	zúqiúsài	サッカーの試合
开始	kāishǐ	始まる

恐怕	kǒngpà	おそらく
来不及	láibují	間に合わない
没办法	méibànfa	しかたがない
冒雨	màoyǔ	雨にぬれて
先	xiān	まず

方言	fāngyán	方言
共	gòng	全部で
大类	dàlèi	（大きい）グループ
它们	tāmen	それら
差别	chābié	区別、格差
中国话	Zhōngguóhuà	中国語

课 文 Kèwén

 44

A 你 怎么 还 不 回 家?
　 Nǐ zěnme hái bù huí jiā?

B 下 雨 了, 可 我 没 带 伞, 走 不 了。
　 Xià yǔ le, kě wǒ méi dài sǎn, zǒu buliǎo.

A 我 也 没 带 伞, 等 雨 停 了 再 走 吧。
　 Wǒ yě méi dài sǎn, děng yǔ tíngle zài zǒu ba.

B 如果 雨 一直 不 停, 回 不去, 怎么 办 呀?
　 Rúguǒ yǔ yìzhí bù tíng, huí buqu, zěnme bàn ya?

A 家里 有 什么 急事 吗?
　 Jiāli yǒu shénme jíshì ma?

B 晚上 电视 有 世界杯 足球 赛, 八点 开始。
　 Wǎnshang diànshì yǒu Shìjièbēi zúqiú sài, bādiǎn kāishǐ.

A 快 八点 了, 你 恐怕 来 不及 了。
　 Kuài bādiǎn le, nǐ kǒngpà lái bují le.

B 没 办法, 只 能 冒雨 跑 了。 我 先 走 了!
　 Méi bànfa, zhǐ néng màoyǔ pǎo le. Wǒ xiān zǒu le!

小知识 Xiǎozhīshi

中国　　　很　大，方言　也　很　多，　共　分为　七　大类，它们
Zhōngguó　hěn　dà, fāngyán　yě hěn duō,　gòng fēnwéi qī　dàlèi, tāmen

是：北方话　（北方方言）、　广东话　（粤方言）、　江浙话
shì: Běifānghuà　(Běifāngfāngyán)、Guǎngdōnghuà (Yuè fāngyán)、Jiāngzhèhuà

（吴方言）、　福建话（闽方言）、　湖南话（湘方言）、　　江西话
(Wú fāngyán)、　Fújiànhuà (Mǐnfāngyán)、Húnánhuà (Xiāngfāngyán)、Jiāngxīhuà

（赣方言）、　客家话（客家方言）。　这些　　方言　之间　差别　　非常
(Gànfāngyán)、Kèjiāhuà (Kèjiāfāngyán). Zhèxiē　fāngyán zhījiān chābié　fēicháng

大，所以　"中国人　　听不懂　　中国话"　也　是　当然的　了。
dà,　suǒyǐ "Zhōngguórén tīngbudǒng Zhōngguóhuà" yě shì dāngránde　le.

　中国は大きいので、方言も多く、全部で７つのグループに分けることができます。
それは北方語（北方方言）、広東語（粤方言）、江浙語（呉方言）、福建語（閩方言）、
湖南語（湘方言）、江西語（贛方言）、客家語（客家方言）です。これらの方言の間の
違いはとても大きいので、「中国人は中国語を聞き取れない」というのも当然のこと
なのです。

I 次の文をまず先生と一緒に何度も音読しましょう。慣れてきたら教科書を見ずにリピートします。その後、シャドウイングやディクテーションをしましょう。

①我学得好。／我学不好。Wǒ xué de hǎo. / Wǒ xué bu hǎo.

②他看得懂。／他看不懂。Tā kàn de dǒng. / Tā kàn bu dǒng.

③回得来。／回不来。Huí de lai. / Huí bu lai.

④走得回来。／走不回来。Zǒu de huílai. / Zǒu bu huílai.

II 以下のようなとき、中国語でどういえばよいでしょうか？　この課で学んだ表現を応用してみましょう。

①中国語で話しかけられたけれど理解できないことを相手に伝えるとき。

_____

②友達が立てないほど泥酔したとき。

_____

III 次の動詞＋補語の連語を訳し、補語の種類を示しなさい。

①学好：訳（　　　　　　　　）　　　補語の種類（　　　　　　　　）

②洗完：訳（　　　　　　　　）　　　補語の種類（　　　　　　　　）

③进去：訳（　　　　　　　　）　　　補語の種類（　　　　　　　　）

④搬进去：訳（　　　　　　　　）　　　補語の種類（　　　　　　　　）

⑤拿起来：訳（　　　　　　　　）　　　補語の種類（　　　　　　　　）

IV Ⅲの動詞＋補語の連語を参考に、次の日本語を中国語に訳し、漢字（簡体字）で書きなさい。適宜句読点を使うこと。

①中国語は難しいので、マスターできない。

_____

②こんなに多くの皿を、一時間で*洗い終えることはできない。

  ＊範囲を表す語は動詞の前に置きます。例：彼は<u>1日</u>3冊の本を読む。他<u>一天</u>看三本书。

_____

③ドアに鍵がかかっていて、入ることができない。

_____

④この机は大きすぎて運び込めない。

_____

⑤こんなに重いものは、持ち上げられない。

_____

＊＊＊＊＊＊＊＊＊＊＊＊＊＊＊＊＊＊＊

装 zhuāng 入れる、しまう　　盘子 pánzi 皿、食器　　锁 suǒ 鍵をかける　　重 zhòng 重い

説说 看看　もう少し結果補語を覚えましょう

开 kāi：動作の結果、距離が離れるイメージを表します。

你把门推开!　ドアを（押して）開けて！
Nǐ bǎmén tuīkāi!

没办法，想开点儿吧。　しかたない、あきらめましょう。

Méi bànfa, xiǎngkāi diǎnr ba.

上 shang：動作の結果、ものとものがぴたっとくっつくイメージを表します。

你把窗户关上!　窓を（ぴったりと）しめてください。
Nǐ bǎchuānghu guānshang!

我们走了，你赶快穿上大衣。　行きますよ、早くコートを着なさい。
Wǒmen zǒu le, nǐ gǎnkuài chuānshang dàyī.

掉 diào：動作の結果、事物が払いのけられるイメージを表します。

黑板上的字，我已经都擦掉了。　黒板の字を、私はもう全部消してしまった。
Hēibǎnshangde zì, wǒ yǐjing dōu cādiàole.

作 zuò、成 chéng：動作の結果、ものが他のものになったり、変化したりするイメージを表します。

他被大家称作"活字典"。　彼はみんなから「生き字引」と呼ばれている。
Tā bèi dàjiā chēng zuò "huózìdiǎn".

这句话，请你翻译成中文。　この言葉を、中国語に訳してください。
Zhèjù huà, qǐng nǐ fānyìchéng Zhōngwén.

这个句子，你改成疑问句。　この文を、疑問文に改めなさい。
Zhèige jùzi, nǐ gǎichéng yíwènjù.

走 zǒu：動作の結果、事物がその場から離れていくイメージを表します。

这些汉堡包，我要带走。　これらのハンバーガーを、私は持って帰りたい。
Zhèxiē hànbǎobāo, wǒ yào dàizǒu.

我的自行车，他骑走了，怎么办?　私の自転車は、彼が乗って行ってしまった、どうしよう？
Wǒde zìxíngchē, tā qízǒule zěnmebàn?

そのほかのよく使われる結果補語

今天他来晚了。　今日彼は遅れて来た。
Jīntiān tā láiwǎnle.

这些衣服我都洗干净了。　これらの服をすべて洗ってきれいにした。
Zhèxiē yīfu wǒ dōu xǐgānjingle.

老师的声音太小，我们没听清楚。　先生の声は小さくて、はっきり聞こえなかった。
Lǎoshīde shēngyīn tàixiǎo, wǒmen méi tīng qīngchu.

你把今天的作业做好

Nǐ bǎ jīntiānde zuòyè zuòhǎo

语法重点 Yǔfǎ zhòngdiǎn

46

1、把 bǎ：処置を表す

a：前置詞 "把 bǎ" は目的語を動詞の前に引き出し、その目的語に対し、どのような「処置」がなされたのかを強調します。

> "把 bǎ" ＋名詞＋動詞＋付加成分→「～を―（して…に）する」

"把" を使うときは動詞を単独で使うことができず、動詞の後ろに付加成分が必要になります。付加成分には主に以下のようなものがあります。

①你把今天的作业做好。 Nǐ bǎ jīntiānde zuòyè zuòhǎo.（結果補語）
②妹妹把那只猫抱回来了。 Mèimei bǎ nèizhī māo bào huílai le.（方向補語）
③请把那个消息告诉他。Qǐng bǎ nèige xiāoxi gàosu tā.（目的語）
④我把钱包丢了。Wǒ bǎ qiánbāo diū le.（完了を表わす助詞 "了"）

b：副詞や助動詞は "把" の前に置きます。

⑤我还没（有）把那双鞋洗好。Wǒ hái méi(you) bǎ nèi shuāng xié xǐhǎo.
⑥我想把人民币换成日元。Wǒ xiǎng bǎ Rénmínbì huànchéng Rìyuán.

c：“把”の目的語は特定のものでなければなりません。

⑦弟弟把那本画册借回来了。Dìdi bǎ <u>nèibǐn huàcè</u> jiè húilai le.

（× 弟弟把<u>一本画册</u>借回来了。）

＊“把”はたいてい「〜を」と訳すことができます。ただし、日本語の「を」とは異なります。たとえば、以下の例のように、“把”の後ろに置かれたものに対して「どのような処置をほどこしたか」という意味を表さない場合は、使えません。
我爱她。「私は彼女を愛している」（×我把她爱。）

2、補語の 给 gěi と 在 zài 47

a：前置詞“给 gěi”（〜のために、〜に）は補語として動詞の後ろに置き、さらに後ろに人を表す名詞を伴い、その動作をほどこす対象を表します。

動詞＋“给 gěi”＋人 → 「〜に—する」

⑧那本书我借给他了。Nèibǎn shū wǒ jiègěi tā le.

⑨他教给我们汉语。Tā jiāogěi wǒmen Hànyǔ.

b：前置詞“在 zài”（〜で）は補語として動詞の後ろに置き、さらに後ろに場所を表す名詞を伴い、その動作をおこなう場所や、その動作の結果が存在する場所を表します。

動詞＋“在 zài”＋場所→「〜に—する」

⑩我住在台北。Wǒ zhùzài Táiběi.

⑪这张桌子你放在这儿吧。Zhèizhāng zhuōzi nǐ fàngzài zhèr ba.

c：“给 gěi”と“在 zài”は“把 bǎ”と一緒に使うこともできます。

⑫你把那本书还给我吧。Nǐ bǎ nèibǎn shū huángěi wǒ ba.

⑬我把你的护照放在抽屉里了。Wǒ bǎ nǐde hùzhào fàngzài chōuti li le.

把	bǎ	～を
抱	bào	抱く
丢	diū	なくす
人民币	Rénmínbì	人民元
日元	Rìyuán	日本円
画册	huàcè	画集
在	zài	(動詞の後ろに置き補語として)～に
还	huán	返す
给	gěi	(動詞の後ろに置き補語として)～に
护照	hùzhào	パスポート

又	yòu	また
失物招领处	shīwù zhāolǐngchù	遺失物保管所
好像	hǎoxiàng	～のようだ
忘	wàng	忘れる
可	kě	ほんとうに、とても
马上	mǎshàng	すぐに

试	shì	試す
啊呀	āyā	ああ(感嘆)
响	xiǎng	鳴る
包	bāo	カバン

轻捷	qīngjié	軽い、軽快である
方便	fāngbiàn	便利である
购物	gòuwù	買い物
到处	dàochù	いたるところ
使用	shǐyòng	使う
甚至	shènzhì	さらには～まで
一边	yìbiān	～しながら
哪天	nǎtiān	いつの日か
一定	yídìng	きっと、必ず
或者	huòzhě	あるいは
像	xiàng	～のようだ
少	shǎo	足りない
似的	shìde	～のようだ
感到	gǎndào	感じる

课文 Kèwén

A 你 刚 回来 又 要 出去 吗？
　 Nǐ gāng huílai yòu yào chūqu ma?

B 我 想 去 一下 车站 失物 招领 处。
　 Wǒ xiǎng qù yíxià chēzhàn shīwù zhāolǐng chù.

A 你 丢 东西 了？
　 Nǐ diū dōngxi le?

B 我 好像 把 手机 忘在 电车里 了。
　 Wǒ hǎoxiàng bǎ shǒujī wàngzài diànchēli le.

A 真的？ 那 可 麻烦 了。
　 Zhēnde? Nà kě máfan le.

B 所以 我 得 马上 去 找。
　 Suǒyǐ wǒ děi mǎshàng qù zhǎo.

A 把 你的 手机 号码 告诉 我， 先 打打 试试。
　 Bǎ nǐde shǒujī hàomǎ gàosu wǒ, xiān dǎda shìshi.

B 啊呀， 响了！ 手机 在 包里！
　 Āyā, xiǎngle! Shǒujī zài bāoli!

手机　轻捷、方便。无论　在　校园里、　电车上，　还是　在
Shǒujī　qīngjié、fāngbiàn. Wúlùn　zài　xiàoyuánli、diànchēshang,　háishi　zài

餐厅　吃　饭、在　　商店　购物，　到处　都　能　看到　人们　在
cāntīng　chī　fàn、zài　shāngdiàn　gòuwù, dàochù　dōu　néng　kàndào　rénmen　zài

使用　　手机。有的　人　甚至　一边　过　马路　一边　还　在　打
shǐyòng　shǒujī. Yǒude　rén　shènzhì　yìbiān　guò　mǎlù　yìbiān　hái　zài　dǎ

手机。如果　哪天　把　手机　忘在　　家里　了，这　一天　一定　会
shǒujī. Rúguǒ　nǎtiān　bǎ　shǒujī　wàngzài　jiāli　le, zhè　yìtiān　yídìng　huì

觉得　很　不　方便，　或者　　像　少了　点儿　什么　似的　感到
juéde　hěn　bù　fāngbiàn,　huòzhě　xiàng　shǎole　diǎnr　shénme　shìde　gǎndào

不安。
bù'ān.

　携帯電話は小さくて便利です。学校、電車、食事中のレストラン、買い物中のお店の中で、人々が携帯電話を使っているのをあちこちで見かけます。道を渡りながら携帯をかけている人までいます。もしもある日携帯を家に忘れたとしたら、その日はずっととても不便で、何かが足りないような不安を感じることでしょう。

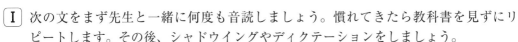

练 习 Liànxí

Ⅰ 次の文をまず先生と一緒に何度も音読しましょう。慣れてきたら教科書を見ずにリピートします。その後、シャドウイングやディクテーションをしましょう。

①我把手机丢了。Wǒ bǎ shǒujī diūle.

②我把衣服洗干净了。Wǒ bǎ yīfu xǐ gānjing le.

③你把那本书借给他吧。Nǐ bǎ nàběn shū jiègěi tā ba.

④你把大衣挂在墙上吧。Nǐ bǎ dàyī guàzài qiángshang ba.

Ⅱ 以下のようなとき、中国語でどういえばよいでしょうか？ この課で学んだ表現を応用してみましょう。

①友達にお金を貸してほしいとき。

_____

②相手の電話番号を知りたいとき。

_____

Ⅲ 与えられた日本語の意味になるように、それぞれについて示してある語句を並び替えなさい。

①你 【把　关上　窗户】。「窓を閉めてください。」

_____

②你 【书架　出去　把　那个　搬】。「その本棚を運び出してください。」

_____

③我们 【代表　选作　他　把　了】。「私たちは彼を代表に選びました。」

_____

④你【把　这儿　在　那张桌子　放】。「その机をここへ置いてください。」

_____

⑤我【他的照相机　把　了　弄坏】。「私は彼のカメラを壊してしまった。」

_____

Ⅳ 次の日本語を"把"を使って中国語に訳し、漢字（簡体字）で書きなさい。適宜句読点を使うこと。

①彼はその小説を中国語に訳した。

_____

②その辞書を私に返してください。

_____

③私の荷物を部屋まで運んでください。

_____

④傘をバスに忘れた。

_____

⑤彼は私に彼の携帯番号を言っていません。

_____

＊＊＊＊＊＊＊＊＊＊＊＊＊＊＊＊＊＊＊＊＊

关上　guànshang　閉める　　代表　dàibiǎo　代表　　选作　xuǎnzuò　～に選ぶ　　弄坏　nònghuài　壊す

一直走，路口往左拐就到。　まっすぐ行って、交差点を左へ曲がれば着きます。
Yìzhí zǒu, lùkǒu wǎngzuǒ guǎi jiù dào.
【～に向かって】

我对文学很感兴趣。　私は文学に興味があります。【～に対して】
Wǒ duìwénxué hěn gǎn xìngqu.

这件事，由我负责。　このことは、私が責任を負います。
Zhèjiàn shì, yóuwǒ fùzé.
【～によって（動作の仕手を強調する）】

你应该向他学习。　彼に学ぶべきです。【～へ、～の方へ】
Nǐ yīnggāi xiàngtā xuéxí.

妈妈为我们做了很多菜。　母は私たちのためにたくさんの料理を作った。【～のために】
Māma wèiwǒmen zuòle hěnduō cài.

我要住朝南的房间。　私は南向きの部屋に泊まりたい。【～に向いた（面した方向を表す）】
Wǒ yào zhù cháonánde fángjiān.

我借了一本关于语法的书。　私は文法についての本を1冊借りた。【～について】
Wǒ jièle yìběn guānyú yǔfǎde shū.

＊動詞の後ろに補語として置かれる前置詞もあります。（⇒第10課）

你写在这儿吧。　ここに書いてください。【～に（場所を表す）】
Nǐ xiězài zhèr ba.

这个礼物，我要送给妈妈。　このプレゼントを、母に贈りたいです。
Zhèige lǐwù, wǒ yào sònggěi māma.
【～に（動作を受ける人を表す）】

他来自上海。　彼は上海から来ます。【～から】
Tā láizì Shànghǎi.

中华人民共和国成立于一九四九年。　中華人民共和国は1949年に成立した。
Zhōnghuá rénmín gònghéguó chénglìyú yījiǔ sìjiǔ nián.
【～に（とき、場所を表す）】

他是昨天来的日本

Tā shì zuótiān láide Rìběn

语法重点 Yǔfǎ zhòngdiǎn

 51

"是 shì- 的 de" 構文：すでに行われた行為について述べる

a："是 shì- 的 de" 構文とは、すでに行われた行為について、その行われた場所、時点、方法、手段、仕手（して）などを強調するときに使う構文です。

> "是 shi" ＋ 強調したい要素 ＋動詞＋ "的 de" → 「～した（のである）」

〇他来日本了。Tā lái Rìběn le. …「彼が日本に来た」という事実を伝える

①他是昨天来的日本。Tā shì zuótiān láide Rìběn.（「来た」時点を伝える）

②他是坐飞机来的日本。Tā shì zuò fēijī láide Rìběn.（「来た」手段を伝える）

③他是一个人来的日本。Tā shì yíge rén láide Rìběn.（「来た」方式を伝える）

〇我学汉语了。Wǒ xué Hànyǔ le.
　…「私が中国語を学んだ」という事実を伝える

④我是在大学学的汉语。Wǒ shì zài dàxué xuéde Hànyǔ.
（「学んだ」場所を伝える）

⑤我是跟中国老师学的汉语。Wǒ shì gēn Zhōngguó lǎoshī xuéde Hànyǔ.
（「学んだ」手段を伝える）

〇他买了。Tā mǎi le. …「彼が買った」という事実を伝える

⑥他是昨天买的。Tā shì zuótiān mǎi de.（「買った」時点を伝える）

⑦他是在新宿买的。Tā shì zài Xīnsù mǎi de.（「買った」場所を伝える）

⑧他是用信用卡买的。Tā shì yòng xìnyòngkǎ mǎi de.

（「買った」手段を伝える）

⑨是他买的。Shì tā mǎide.（「買った」仕手を伝える）

b：“是～的”構文の目的語は“的”の後ろか前のどちらに置くこともできます。

⑩他是骑车来的学校。Tā shì qíchē láide xuéxiào.

　　＝他是骑车来学校的。Tā shì qíchē lái xuéxiào de.

⑪我是去年去的美国。Wǒ shì qùnián qùde Měiguó.

　　＝我是去年去美国的。Wǒ shì qùnián qù Měiguó de.

c：“是～的”構文の“是”は省略することができます。

⑫他（是）跟一位中国老师学的。Tā (shì) gēn yíwèi Zhōngguó lǎoshī xuéde.

d：否定は“不是”で表します。否定のときには“是”を省略することができません。

⑬他不是在日本学的。Tā búshì zài Rìběn xuéde.　× 他不在日本学的。

e：完了の助詞“了”と“是～的”構文はいずれも「～した」と訳すことができますが、伝えたいことがらの重点が異なります。

○他坐船来了。Tā zuò chuán lái le.

　　…“来”という動作が完了した（すでに行われた）ことを伝える。

　　⇒否定：他没坐船来。Tā méi zuò chuán lai.

⑭他是坐船来的。Tā shì zuò chuán lái de.

　　…“来”したのが話題になったあと、それが“坐船”という方法によってであったことを伝える。

　　⇒否定：他不是坐船来的。Tā búshì zuò chuán lái de.

信用卡	xìnyòngkǎ	クレジット・カード
位	wèi	～人（目上の人を数える）

皮鞋	píxié	革靴
真	zhēn	ほんとうに
新	xīn	新しく
百货公司	bǎihuògōngsī	デパート
行	xíng	よい、すばらしい
原来	yuánlái	なんと（～であったのか）
月光族	Yuèguāngzú	毎月給料を使い果たしてしまう若いサラリーマン
小声	xiǎoshēng	小さな声で

酒	jiǔ	酒

清酒	qīngjiǔ	清酒、日本酒
烧酒	shāojiǔ	焼酎
本国产	běnguóchǎn	国産
威士忌	wēishìjì	ウィスキー
白兰地	báilándì	ブランデー
外国产	wàiguóchǎn	外国産
洋酒	yángjiǔ	洋酒
红薯	hóngshǔ	さつまいも
大麦	dàmài	大麦
度数	dùshù	アルコール度数
近年来	jìnniánlái	最近
厂家	chǎngjiā	メーカー
研究	yánjiū	研究する
含	hán	含む
酒精	jiǔjīng	アルコール
受到	shòudào	受ける
青睐	qīnglài	歓迎、好意

课 文 Kèwén

53

A 你的 皮鞋 真 好看!
　Nǐde píxié zhēn hǎokàn!

B 是 昨天 新 买 的。
　Shì zuótiān xīn mǎi de.

A 在 哪儿 买 的?
　Zài nǎr mǎi de?

B 在 新宿的 百货公司 买的。
　Zài Xīnsùde bǎihuògōngsī mǎide.

A 一定 很 贵 吧? 你 真 有 钱!
　Yídìng hěn guì ba? Nǐ zhēn yǒu qián!

B 我 也 没有 钱 了,是 用 信用卡 买 的。
　Wǒ yě méiyǒu qián le, shì yòng xìnyòngkǎ mǎi de.

A 原来 你 是 个 "月光族" 啊!
　Yuánlái nǐ shì ge "Yuèguāngzú" a!

B 小声 点儿!
　Xiǎoshēng diǎnr!

小知识 Xiǎozhīshi

日本人　喜欢　喝　酒，除了　喝　啤酒、清酒、烧酒　等
Rìběnrén　xǐhuan　hē　jiǔ, chúle　hē　píjiǔ、qīngjiǔ、shāojiǔ　děng

本国产的　　酒　以外，也　喜欢　喝　葡萄酒、威士忌、白兰地　等
běnguóchǎnde　jiǔ　yǐwài, yě　xǐhuan　hē　pútaojiǔ、wēishìjì、báilándì　děng

外国产的　　洋酒。　日本的　清酒　是　用　大米　做的，烧酒
wàiguóchǎnde　yángjiǔ.　Rìběnde　qīngjiǔ　shì　yòng　dàmǐ　zuòde, shāojiǔ

主要　是　用　红薯、大米　和　大麦　做的。这些　酒的　度数　虽然
zhǔyào　shì　yòng　hóngshǔ、dàmǐ　hé　dàmài　zuòde. Zhèxiē　jiǔde　dùshù　suīrán

没有　威士忌　和　白兰地　那么　高，但　喝多了　同样　会　醉。
méiyǒu　wēishìjì　hé　báilándì　nàme　gāo, dàn　hēduōle　tóngyàng　huì　zuì.

近年来，厂家　还　研究　出了　不含　酒精的　啤酒，受到
Jìnniánlái, chǎngjiā　hái　yánjiū　chūle　bùhán　jiǔjīngde　píjiǔ, shòudào

人们的　青睐。
rénmende　qīnglài.

　日本人はお酒が好きです。ビール、日本酒、焼酎などの日本のお酒のほか、ワインやウィスキー、ブランデーなどの外国の洋酒も飲みます。日本の日本酒はお米で作り、焼酎はおもにさつまいもやお米、大麦でできています。これらのお酒の度数はウィスキーやブランデーほど高くはありませんが、たくさん飲めば同じように酔ってしまいます。最近、メーカーはノン・アルコール・ビールまで開発し、人気を集めています。

练 习 Liànxí

I 次の文をまず先生と一緒に何度も音読しましょう。慣れてきたら教科書を見ずにリピートします。その後、シャドウイングやディクテーションをしましょう。

①我是在日本学的。Wǒ shì zài Rìběn xué de.

②我是从上海来的。Wǒ shì cóng Shànghǎi lái de.

③我是跟他一起去的。Wǒ shì gēn tā yìqǐ qù de.

④我是昨天到东京的。Wǒ shì zuótiān dào Dōngjīng de.

⑤是我拿来的。Shì wǒ nálai de.

II 以下のようなとき、中国語でどういえばよいでしょうか？　この課で学んだ表現を応用してみましょう。

①（友達が素敵な服を着ているので）買った場所を知りたいとき。

_____

②（中国語がとても上手な先輩に）勉強方法を尋ねるとき。

_____

III 次の各文を訳しなさい。

①他是前天去的美国。

_____

②他是坐船回国的。

_____

③她是在英国学的英语。

_____

④她是跟她妈妈学的德语。

_____

⑤你的手机号码，是我告诉他的。

_____

Ⅳ Ⅲの各文を、下線部を問う疑問詞疑問文に書きかえなさい。

①

_____

②

_____

③

_____

④

_____

⑤

_____

＊＊＊＊＊＊＊＊＊＊＊＊＊＊＊＊＊＊＊

出国　chūguó　出国する

V 次の日本語を中国語に訳し、漢字（簡体字）で書きなさい。適宜句読点を使うこと。

①私は広東から出国しました。

_____

②私は教室で休憩しました。

_____

③この手紙を、私は中国語で書きました。

_____

④昨日の夜、私は 12 時に寝ました。

_____

⑤朝食は、私が買って帰って来たのです。

_____

第12課

你让他去玩儿吧

Nǐ ràng tā qù wánr ba

语法重点 Yǔfǎ zhòngdiǎn

 55

1、让 ràng、叫 jiào、请 qǐng：使役を表す

a： 使役動詞"让 ràng"または"叫 jiào"を使って使役を表します。

> "让 ràng" ／ "叫 jiào" ＋ヒト＋動詞→「～に―させる」

①你让他去玩儿吧！ Nǐ ràng tā qù wánr ba!
②妈妈叫弟弟喝牛奶。Māma jiào dìdi hē niúnǎi.

b： 使役動詞"请 qǐng"を使って依願を表します。

> "请 qǐng" ＋ヒト＋動詞→「～に―してもらう」

③老师请同学念课文。Lǎoshī qǐng tóngxué niàn kèwén.
④我请你吃饭。Wǒ qǐng nǐ chī fàn.

c： 使役表現で副詞や助動詞を使うときは使役動詞の前に置きます。

⑤你别让我生气！ Nǐ bié ràng wǒ shēngqì!
⑥我想请你来玩儿。Wǒ xiǎng qǐng nǐ lái wánr.

２、被 bèi、让 ràng、叫 jiào：受身を表す

a：受身動詞 "被 bèi" または "让 ràng" または "叫 jiào" を使って受身を表します。受身の文では動詞を単独では使わず、完了を表わす助詞 "了" や結果補語など、主に動作の結果を表わす成文が動詞の後ろに置かれます。

> "被 bèi" ／ "让 ràng" ／ "叫 jiào" ＋ヒト＋動詞＋付加成分→〜に—される」

⑦妹妹被老师批评了。Mèimei bèi lǎoshī pīpíng le.

⑧我的本子让他借走了。Wǒde běnzi ràng tā jièzǒu le.

b："被" の後ろの「人」は省略することができます。

⑨妹妹被（老师）批评了。Mèimei bèi (lǎoshī) pīpíng le.

⑩我的本子被（他）借走了。Wǒde běnzi bèi (tā) jièzǒu le.

３、方向補語の慣用表現

方向補語（⇒第８課）には多くの慣用表現があります。主なものを覚えましょう。

○ – 起来：—しはじめる、—してみる

⑪他怎么突然唱起来了？ Tā zěnme tūrán chàng qǐlai le?

⑫说起来容易，做起来难。Shuō qǐlai róngyi, zuò qǐlai nán.

○ – 下去：—しつづける

⑬别客气，你说下去！ Bié kèqi, nǐ shuō xiàqu!

⑭坚持下去，就是胜利！ Jiānchí xiàqù, jiùshì shènglì!

 生词表 Shēngcí biǎo 58

让	ràng	～させる、～される
叫	jiào	～させる、～される
牛奶	niúnǎi	牛乳
请	qǐng	～してもらう
生气	shēngqì	怒る
被	bèi	～される
批评	pīpíng	叱る、批判する
本子	běnzi	ノート
走	zǒu	（結果補語として）～し去る
突然	tūrán	突然
客气	kèqi	遠慮する
坚持	jiānchí	がんばって続ける
胜利	shènglì	勝利を収める

烤肉	kǎoròu	焼肉
请客	qǐngkè	ごちそうする
帮助	bāngzhù	手伝う
干嘛	gànmá	なぜ
总之	zǒngzhī	要するに、つまり
领	lǐng	受け取る
工资	gōngzī	給料
聚	jù	集まる
付	fù	支払う
AA制	A·A·zhì	割り勘
这次	zhècì	今回
下次	xiàcì	次回
说服	shuōfú	説得する

享受	xiǎngshòu	享受する、楽しむ

空调	kōngtiáo	エアコン（クーラー）
快餐店	kuàicāndiàn	ファースト・フード店
点	diǎn	注文する
杯	bēi	～杯（飲み物を数える）
其他	qítā	そのほか
饮料	yǐnliào	飲み物
半天	bàntiān	しばらく
情侣	qínglǚ	カップル
见到	jiàndào	目にする、見かける
称作	chēngzuò	～と称する、～と呼ぶ
啃椅族	Kěnyǐzú	椅子をかじる人々（喫茶店などで長居をする人のたとえ）
除此之外	chúcǐzhīwài	このほか
有意思	yǒuyìsi	おもしろい
词	cí	ことば、単語
啃老族	Kěnlǎozú	老人をかじる人々（親のすねをかじる人のたとえ）
指	zhǐ	指す
工作	gōngzuò	働く
衣食住行	yīshízhùxíng	衣食住と交通費
全部	quánbù	すべて
依靠	yīkào	頼る、依存する
年轻	niánqīng	若い

课 文 Kèwén

59

A 小王， 晚饭 我 请 你 吃 烤肉。
Xiǎo-Wáng, wǎnfàn wǒ qǐng nǐ chī kǎoròu.

B 你 为什么 要 请客 呀？
Nǐ wèishénme yào qǐngkè ya?

A 你 每天 都 教 我 汉语， 所以 想 谢谢 你 啊。
Nǐ měitiān dōu jiāo wǒ Hànyǔ, suǒyǐ xiǎng xièxie nǐ a.

B 你 不是 也 常常 帮助 我 吗， 干嘛 这么 客气？
Nǐ búshì yě chángcháng bāngzhù wǒ ma, gànmá zhème kèqi?

A 总之， 我 领到了 工资， 咱们 聚聚 吧。
Zǒngzhī, wǒ lǐngdàole gōngzī, zánmen jùju ba.

B 你 让 我 付 钱 的话， 我 就 去。
Nǐ ràng wǒ fù qián dehuà, wǒ jiù qù.

A 我 不 喜欢 AA 制。 这次 我 请， 下次 你 请， 怎么样？
Wǒ bù xǐhuan A·A·zhì. Zhècì wǒ qǐng, xiàcì nǐ qǐng, zěnmeyàng?

B 我 被 你 说服 了， 就 这样 吧！
Wǒ bèi nǐ shuōfú le, jiù zhèyàng ba!

小知识 Xiǎozhīshi

为了　　享受　　空调，在　　快餐店　　点　一杯　咖啡　或者
Wèile　xiǎngshòu　kōngtiáo, zài　kuàicāndiàn　diǎn　yìbēi　kāfēi　huòzhě

其它　饮料　　坐上　　半天的　情侣　或　学生，　无论　在　　中国，
qítā　yǐnliào　zuòshang　bàntiānde　qínglǚ　huò　xuésheng,　wúlùn　zài　Zhōngguó,

还是　　在　日本　都　能　　经常　　见到。在　中文里，　他们　　被
háishi　zài　Rìběn　dōu　néng　jīngcháng　jiàndào. Zài　Zhōngwénli, tāmen　bèi

称作　　"啃椅　族"。除此　之外，　还有　一个　有意思的　词　　叫
chēngzuò　"Kěnyǐ　zú". Chúcǐ　zhīwài,　háiyǒu　yíge　yǒuyìside　cí　jiào

"啃老　族"，指　那些　不　工作，　衣食住行　全部　依靠　父母的
"Kěnlǎo　zú",　zhǐ　nèixiē　bù　gōngzuò, yīshízhùxíng　quánbù　yīkào　fùmǔde

年轻人。
niánqīngrén.

クーラーを目当てに、コーヒーなどのドリンク1杯でファースト・フード店に長時間居座るカップルや学生を、中国でも日本でもよく見かけます。中国語では彼らを「啃椅族（椅子をかじる人々）」と呼びます。このほか、「啃老族（老人をかじる人々）」という面白い語があります。それは、仕事をせずに生活のすべてを両親に依存している若者たちを指します。

练 习 Liànxí

Ⅰ 次の文をまず先生と一緒に何度も音読しましょう。慣れてきたら教科書を見ずにリピートします。その後、シャドウイングやディクテーションをしましょう。

①我们让他去。Wǒmen ràng tā qù.

②我们请他来。Wǒmen qǐng tā lái.

③我的书包被他拿走了。Wǒde shūbāo bèi tā názǒu le.

④他哭起来了。Tā kū qǐlai le.

⑤你坚持下去！ Nǐ jiānchí xiàqu!

Ⅱ 以下のようなとき、中国語でどういえばよいでしょうか？ この課で学んだ表現を応用してみましょう。

①相手にごちそうをしたいとき。

_____

②急に走り出した人を見て驚くとき。

急に：突然 tūrán

_____

Ⅲ 与えられた日本語の意味になるように、それぞれについて示してある語句を並び替えなさい。

①【我们　课文　让　念　老师】。「先生は私たちに教科書を読ませる。」

_____

②【作业　做　叫　我　爸爸】。「父は私に宿題をやらせる。」

_____

③【走　弟弟　骑　我的自行车　被　了】。

「私の自転車は弟に乗って行かれた。」

_____

④【坏　妹妹　了　我的手机　被　弄】。「私の携帯電話は妹に壊された。」

_____

⑤【我们的　老师　请　活动　我们　来参加】。

「私たちは先生に私たちのイベントに出席してもらう。」

_____

Ⅳ 次の日本語を中国語に訳し、漢字（簡体字）で書きなさい。適宜句読点を使うこと。

①私の財布は盗まれた。

_____

②彼女はクラス委員に選ばれた。

_____

③彼女は子供たちを遊びに行かせた。

_____

④父は私を中国へ行かせてくれない。

_____

⑤見たところ、このパソコンは使いやすそうだ。

_____

＊＊＊＊＊＊＊＊＊＊＊＊＊＊＊＊＊＊＊＊＊

活动 huódòng イベント　参加 cānjiā 参加する　偷 tōu 盗む　班长 bānzhǎng クラス委員
看起来 kànqǐlai みたところ　好 hǎo ～しやすい

> 说说 看看　動作のアスペクトをまとめましょう

【進行】　～している（⇒第４課）

他<u>正在</u>做作业<u>呢</u>。　彼は宿題をしている。
Tā zhèngzài zuò zuòyè ne.

他来的时候，我<u>在</u>洗澡<u>呢</u>。　彼が来たとき、私は入浴していた。
Tā láide shíhou, wǒ zài xǐzǎo ne.

【持続】　～している、～してある（⇒第５課）

他拿<u>着</u>一张照片。　彼は１枚の写真を持っている。
Tā názhe yìzhāng zhàopiàn.

黑板上写<u>着</u>很多字。　黒板にたくさんの字が書いてある。
Hēibǎnshang xiězhe hěnduō zì.

我们坐<u>着</u>谈一谈吧。　座りながら少し語りましょう。
Wǒmen zuòzhe tán yi tan ba.

【完了】　～した、～し終わった（⇒Ⅰ第９課、Ⅱ第13課）

我买<u>了</u>两件毛衣。　私は２枚のセーターを買った。
Wǒ mǎile liǎngjiàn máoyī.

我学<u>了</u>三年汉语了。　私は３年中国語を学んでいる。
Wǒ xuéle sānnián Hànyǔ le.

今天他<u>没</u>来上课。　今日彼は授業に来ていない。
Jīntiān tā méi lái shàngkè.

【経験】　～したことがある（⇒Ⅰ第９課）

我们吃<u>过</u>德国菜。　私たちはドイツ料理を食べたことがある。
Wǒmen chīguo Déguó cài.

他们<u>没</u>喝<u>过</u>中国酒。　彼らは中国の酒を飲んだことがない。
Tāmen méi hēguo Zhōngguó jiǔ.

【将然】　まもなく～する（⇒第８課　课文）

<u>快</u>三点<u>了</u>。　もうすぐ３時だ。
Kuài sāndiǎn le.

他<u>要</u>来日本<u>了</u>。　彼はもうすぐ日本に来る。
Tā yào lái Rìběn le.

我们<u>快要</u>去中国<u>了</u>。　私たちはもうすぐ中国へ行く。
Wǒmen kuài yào qù Zhōngguó le.

他们中午<u>就要</u>到<u>了</u>。　彼らは正午に来る。
Tāmen zhōngwǔ jiù yào dào le.

我看了一个小时

Wǒ kànle yíge xiǎoshí

语法重点 Yǔfǎ zhòngdiǎn

 61

1、2つの了 le と動作の時間量

助詞の"了 le"には、動詞の後ろに置いて動作の完了を表すもの（⇒Ⅰ、第9課）と、文末に置いて事態の変化や発生を表すもの（⇒Ⅰ、第10課）があります。この2つの"了 le"を動作の時間量を表す語（⇒Ⅰ、第8課）とともに使うと、次のような意味の違いが表れます。

a：完了を表す"了"（動詞の後ろの"了"）のみを使った場合、現時点ではその動作が継続していないことを表します。

　　①我看了一个小时。Wǒ kànle yíge xiǎoshí.

　　②我学了三年。Wǒ xuéle sānnián.

b：さらに変化を表す"了"（文末の"了"）を加えると、その動作が現時点でどれだけ続いているか、つまり現在も継続していることを表します。1つ目の"了"は、動作が「完了」したこと、2つめの"了"は事態に変化が生じ、文全体が表す状態が発生したことを表しています。

　　③我看了一个小时了。Wǒ kànle yíge xiǎoshí le.

　　④我学了三年了。Wǒ xuéle sānnián le.

c：目的語は動作の時間量を表す語の後ろに置きます（⇒Ⅰ、第8課）。

　　⑤我看了一个半小时电视。Wǒ kànle yíge bàn xiǎoshí diànshì.

　　⑥我学了两年德语了。Wǒ xuéle liǎngnián Déyǔ le.

　＊この場合、目的語の前に"的"を置くこともできます。
　　我看了一个半小时的电视。Wǒ kànle yíge bàn xiǎoshíde diànshì.
　　我学了两年的德语了。Wǒ xuéle liǎngniánde Déyǔ le.

2、離合詞

a： 2音節の動詞には、それ自体が「動詞＋目的語」の構造を形成しているものがあります。こういう動詞を「離合詞」といいます。主なものに以下の語があります。

睡觉 shuìjiào　　　洗澡 xǐzǎo　　　散步 sànbù　　　游泳 yóuyǒng

放假 fàngjià

b： 動詞が離合詞であると知っておかなければ、正しく文を作れない場合があります。

⑦我睡了六个小时觉。Wǒ shuìle liùge xiǎoshí jiào. 　…動作の時間量を表す語を使うとき（⇒Ⅰ、第8課）

　　　　× 我睡觉了六个小时。

⑧他已经洗完澡了。Tā yǐjing xǐwán zǎo le. 　…結果補語を使うとき（⇒第4課）

　　　　× 他已经洗澡完了。

⑨我们一起散散步吧！Wǒmen yìqǐ sànsanbù ba! 　…動詞を重ね型にするとき（⇒第1課）

　　　　× 我们一起散步散步吧！

⑩我能游一百米泳。Wǒ néng yóu yìbǎi mǐ yǒng. 　…目的語が数量を伴うとき

　　　　× 我能游泳一百米。

3、前置詞 "连 lián" を使った強調表現—強調構文③

以下のように前置詞 "连" を使うと強調を表すことができます。

"连" ＋強調したい語（名詞）＋ 都／也 ＋ 動詞

⑪今天很忙，连吃饭的时间也没有。

　Jīntiān hěn máng, lián chī fàn de shíjiān yě méiyǒu.

⑫这么简单的事情，连小孩儿都知道。

　Zhème jiǎndān de shìqíng, lián xiǎoháir dōu zhīdào.

洗澡	xǐzǎo	入浴する（離合詞）
散步	sànbù	散歩する（離合詞）
放假	fàngjià	休みになる（離合詞）
米	mǐ	メートル
连	lián	〜さえも
简单	jiǎndān	簡単な
事情	shìqíng	事

天气	tiānqì	天気
报告	bàogào	レポート
该〜了	gāi〜le	〜すべきである
交	jiāo	提出する
熬夜	áoyè	徹夜する
眼圈	yǎnquān	目の周り
黑黑的	hēihēide	真っ黒である
大熊猫	dàxióngmāo	パンダ
昨晚	zuówǎn	昨夜
闹钟	nàozhōng	目覚まし時計
吵醒	chǎoxǐng	起こす

当中	dāngzhōng	〜中
许多	xǔduō	たくさんの

节假日	jiéjiàrì	祝祭日
元旦	Yuándàn	元旦
春节	Chūnjié	春節（旧暦の新年）
清明节	Qīngmíngjié	清明節
端午节	Duānwǔjié	端午節
中秋节	Zhōngqiūjié	中秋節
国庆节	Guóqìngjié	国慶節（中華人民共和国の建国記念日）

假期	jiàqī	休暇
周	zhōu	週
旧历年	jiùlìnián	旧暦の正月
重视	zhòngshì	重視する
最为	zuìwéi	もっとも〜
热闹	rènao	にぎやかである
节日	jiérì	祝日、節句、祭日

每年	měinián	毎年
阳历	yánglì	新暦
月底	yuèdǐ	〜月末
至	zhì	〜まで
月末	yuèmò	〜月末
之间	zhījiān	〜の間

课 文 Kèwén

 65

A 你 看， 外面 天气 多好， 出去 散散步 吧。
　Nǐ kàn, wàimian tiānqì duōhǎo, chūqu sànsanbù ba.

B 我的 报告 还 没 写完，你 一个 人 去 吧。
　Wǒde bàogào hái méi xiěwán, nǐ yíge rén qù ba.

A 你 已经 写了 半天 了，该 休息 休息 了。
　Nǐ yǐjing xiěle bàntiān le, gāi xiūxi xiuxi le.

B 不行 啊，明天 就 得 交 了。
　Bùxíng a, míngtiān jiù děi jiāo le.

A 你 昨天 晚上 是不是 熬夜 了？
　Nǐ zuótiān wǎnshang shìbushi áoyè le?

B 你 是 怎么 知道 的？
　Nǐ shì zěnme zhīdao de?

A 你的 眼圈 黑黑的， 像 只 大熊猫。
　Nǐde yǎnquān hēihēide, xiàng zhī dàxióngmāo.

B 我 昨晚 刚 睡了 两个 小时 觉， 就 被 闹钟
　Wǒ zuówǎn gāng shuìle liǎngge xiǎoshí jiào, jiù bèi nàozhōng

吵醒了。
chǎoxǐngle.

小知识 Xiǎozhīshi

在　中国，　一年　当中　有　许多　节假日，如　元旦、
Zài Zhōngguó, yìnián dāngzhōng yǒu xǔduō jiéjiàrì, rú Yuándàn,

春节、　清明节、　端午节、　中秋节、　国庆节　等。　其中
Chūnjié、Qīngmíngjié、Duānwǔjié、Zhōngqiūjié、Guóqìngjié děng. Qízhōng

假期　最长的　是　春节　和　国庆节。　国庆节　放　一周
jiàqī zuìchángde shì Chūnjié hé Guóqìngjié. Guóqìngjié fàng yìzhōu

长假，　被　称为　"黄金周"。　春节　是　旧历年，也　放
chángjià, bèi chēngwéi "Huángjīnzhōu". Chūnjié shì jiùlìnián, yě fàng

长假，　是　一年　当中　最　受　重视、最为　热闹的　节日。
chángjià, shì yìnián dāngzhōng zuì shòu zhòngshì、zuìwéi rènaode jiérì.

每年　春节　大约　在　阳历　一月底　至　二月末　之间。
Měinián Chūnjié dàyuē zài yánglì yīyuèdǐ zhì èryuèmò zhījiān.

中国では、1年の間にたくさんの祝祭日があります。元旦、春節、清明節、端午節、中秋節、国慶節などです。中でも休暇がもっとも長いのは春節と国慶節です。国慶節は1週間休みになり、「黄金週間」と呼ばれています。春節は旧暦のお正月で、やはり長期休暇になり、1年でもっともたいせつにされ、もっともにぎやかな祝日です。毎年春節はだいたい新暦の1月末から2月後半の間になります。

练 习 Liànxí

Ⅰ 次の文をまず先生と一緒に何度も音読しましょう。慣れてきたら教科書を見ずにリ
ピートします。その後、シャドウイングやディクテーションをしましょう。

①我看了。Wǒ kàn le.

我看了一个小时。Wǒ kànle yíge xiǎoshí.

我看了一个小时（的）书。Wǒ kànle yíge xiǎoshí (de) shū.

②我学了一年了。Wǒ xuéle yìnián le.

我学了一年（的）汉语了。Wǒ xuéle yìnián (de) Hànyǔ le.

③我们放假。Wǒmen fàngjià.

我们放两天假。Wǒmen fàng liǎngtiān jià.

④连小孩儿都知道。Lián xiǎoháir dōu zhīdào.

Ⅱ 以下のようなとき、中国語でどういえばよいでしょうか？　この課で学んだ表現を応
用してみましょう。

①（卒業後、大学での）中国語学習歴が3年だと伝えるとき。

_____

②相手の睡眠時間が知りたいとき。

_____

Ⅲ 離合詞に注意して日本語に訳しなさい。

①我们散一会儿步吧。

_____

②上个月我请了两天假。

_____

③我们公司放一个星期假。

_____

④来不来，就随你的便吧!

_____

⑤谢谢你帮了我的忙!

_____

Ⅳ 与えられた日本語の意味になるように、それぞれについて示してある語句を並び替えなさい。

①他【三年　在北京　了　住】。「彼は北京に３年間住んでいた。」

_____

②我【了　五年　住了　在上海】。「私は上海に５年間住んでいる。」

_____

③她已经【一个小时　澡　了　洗　了】。
「彼女はもう１時間お風呂に入っている。」

_____

④她们【了　三年　认识　了】。「彼女らは知り合って３年になる。」

_____

⑤昨天我们【足球　两个小时　了　踢】。
「昨日私たちは２時間サッカーをした。」

_____

⑥他【认识　这个字　连　都　不】。
「彼はこの字も知らない。」

_____

＊＊＊＊＊＊＊＊＊＊＊＊＊＊＊＊＊＊＊＊＊＊

请假　qǐngjià　休みをとる（離合詞）　随便　suíbiàn　自由にする（離合詞）　帮忙　bāngmáng　手伝う（離合詞）　认识　rènshi　知る、知り合う　踢　tī　蹴る、サッカーをする

索　引

106

108

109

113

著　者

久米井　敦子（くめい　あつこ）
　　拓殖大学　教授

余　慕（Yu　Mu）
　　中央大学ほか講師

スタートライン中国語Ⅱ［中級］

2020. 2. 1　初版 1 刷発行
2023. 4. 10　初版 4 刷発行

発行者　井　田　洋　二

発行所　〒101-0062　東京都千代田区神田駿河台 3 の 7
　　　　電話 03(3291)1676　FAX　03(3291)1675
　　　　振替 00190-3-56669
　　　　E-mail：edit@e-surugadai.com
　　　　URL：http://www.e-surugadai.com

株式
会社　駿河台出版社

製版／印刷　倉敷印刷
ISBN978-4-411-03130-3 C1087 ¥2200E